大学生美育

第二版

黄高才 刘会芹 编著

中国教育出版传媒集团
高等教育出版社·北京

内容提要

本书全面落实立德树人根本任务，以党的二十大报告中提出的"加快建设高质量教育体系，发展素质教育"的相关要求为指导，以中共中央办公厅、国务院办公厅《关于全面加强和改进新时代学校美育工作的意见》为修订依据，在揭示美的内涵、特点及本质的基础上，以上百幅实物或实景照片为例，运用通俗易懂的语言，全面系统地讲述了自然美、生活美、艺术美、汉字美、辞章美、科技美的知识及审美要点，充分挖掘其中蕴含的中华美育精神和民族审美思想，旨在提升学生的审美能力、人文修养、思想素质和精神境界，引导其产生积极的审美追求，树立正确的审美观。

为了拓宽视野，丰富人文知识，使学生获得更多的美感体验，本书以二维码的形式展示了丰富的视频、图片和文本资源，实现了随扫随学，既满足学生拓展学习的需要，又使学生获得更多的审美享受。

本书既可作为高等职业教育（专科层次职业教育、本科层次职业教育）和应用型本科院校美育教育的教学用书，也可供社会人士学习参考。

本书配有电子课件等教学资源，读者可按照"郑重声明"页的资源服务提示获取相关服务。

图书在版编目（CIP）数据

大学生美育 / 黄高才，刘会芹编著. -- 2版. -- 北京：高等教育出版社，2023.6
ISBN 978-7-04-060419-1

Ⅰ. ①大… Ⅱ. ①黄… ②刘… Ⅲ. ①美育－高等职业教育－教材 Ⅳ. ①G40-014

中国国家版本馆CIP数据核字（2023）第073577号

DAXUESHENG MEIYU

| 策划编辑 | 方 雷 | 责任编辑 | 王蓓爽 方 雷 | 封面设计 | 姜 磊 | 版式设计 | 徐艳妮 |
| 责任绘图 | 邓 超 | 责任校对 | 张 薇 | | | 责任印制 | 刁 毅 |

出版发行	高等教育出版社	网　　址	http://www.hep.edu.cn
社　　址	北京市西城区德外大街4号		http://www.hep.com.cn
邮政编码	100120	网上订购	http://www.hepmall.com.cn
印　　刷	北京市大天乐投资管理有限公司		http://www.hepmall.com
开　　本	787mm×1092mm 1/16		http://www.hepmall.cn
印　　张	10.5	版　　次	2016年8月第1版
字　　数	240千字	版　　次	2023年6月第2版
购书热线	010-58581118	印　　次	2023年6月第1次印刷
咨询电话	400-810-0598	定　　价	38.00元

本书如有缺页、倒页、脱页等质量问题，请到所购图书销售部门联系调换
版权所有　侵权必究
物　料　号　60419-00

第二版前言

美育教育作为立德树人的重要手段，承担着陶冶高尚情操、塑造美好心灵、增强文化自信的重要任务。本书自2016年8月出版以来，多次重印，深受广大一线教师好评。为了更好地满足高职院校美育课程的教学需要，我们在广泛听取一线教师的意见和建议的基础上，以党的二十大报告中提出的"加快建设高质量教育体系，发展素质教育"的相关要求为指导，依据中共中央办公厅、国务院办公厅《关于全面加强和改进新时代学校美育工作的意见》（以下简称《意见》），以及教育部有关加强和改进学校美育工作的文件精神，对本书进行修订。

此次修订落实立德树人根本任务，坚持为党育人、为国育才，以提高学生的审美能力和人文素养为目标，以美育人、以美化人、以美培元，注重弘扬中华美育精神、彰显民族审美思想，主要凸显以下五个方面的特点。

强化实践体验　审美不仅要有寻找美的意识和发现美的眼睛，而且还要掌握审美方法。只有掌握了审美方法，才能对审美对象进行正确的、有深度的解读，从而获得较大的审美受益。因此，本次修订在第二章中增加了"审美的基本方法"一节。掌握了本节中所讲的方法，同学们不仅能够正确地开展审美活动，而且能有效增强审美意识。

突出想象与联想能力　《意见》明确指出："美是纯洁道德、丰富精神的重要源泉。美育是审美教育、情操教育、心灵教育，也是丰富想象力和培养创新意识的教育，能提升审美素养、陶冶情操、温润心灵、激发创新创造活力。"以培养能工巧匠为主要任务的高等职业教育，必须加强学生创造性劳动能力的培养，而这需要劳动者具有丰富的想象能力。因此，本次修订不仅详细地讲述了"想象与联想"的审美方法，而且在举例分析时有意识地加强了想象与联想的提示和引导，借以强化学生的想象与联想意识，增强其想象与联想能力，以期激发创新创造活力。

丰富人文素养　纯洁道德、涵养精神、增强学生的进取意识，都是美育的重要任务，这几个任务的完成需要人文素养的支撑。因此，本次修订有意识地增加了人文知识的内容，借以丰富和提升同学们的思想境界，从而促使其实现道德的完善、精神的塑造和进取意识的强化，成为具有审美修养的高素质技术技能人才。

注重通俗生动 此次修订在保持质朴文风的基础上，增加了一些日常生活中随处可见的审美素材，还加强了对举例素材的审美提示与分析，力求使同学们一看就懂、一学就会。同时，全书选取了上百幅精美的图片，同学们可以获得充分的审美享受，轻松愉快地进行美育学习。

体现时代发展 本次修订适当减少了历史性的内容和较为陈旧的案例，增加了现当代的审美素材，使全书更加贴近学生、贴近生活，时代感明显增强。

此次修订，由黄高才、刘会芹完成了全书文字内容的删改、补充和更新，以及图片的拍摄和更新工作；李艳、李艳丽、袁芳、张彩云和张梦鸽参与了本书视频课程的制作。书中的部分例文及照片由作者本人创作或拍摄完成。

由于作者学识有限，书中难免有疏漏之处，敬请各位读者在使用本书的过程中多提宝贵意见，以便编者将其修订得更加完善。有关本书的意见和建议请直接发送至作者的电子邮箱：gchuang1962@163.com。

黄高才
2023 年于咸阳

第一版前言

美育不仅是优化学生性情、完善学生人格和培养学生审美能力的教育，也是活跃学生思维、增强学生创造力和激励学生精神的教育。美育教育的内容丰富多彩，形式生动活泼，能够使学生在轻松、愉快的氛围中焕发出学习热情，从而使其性情得以优化、个性得到发展、思维能力得到提升。美育课程开展得好，不仅能够丰富学生生活、活跃校园气氛、优化教育环境，而且还可以培养和增进学生对母校的感情。因此，美育工作历来备受重视。

2015年9月15日，国务院办公厅下发了《关于全面加强和改进学校美育工作的意见》，对加强学校美育提出了明确要求。2015年12月3日，教育部下发了《贯彻落实〈国务院办公厅关于全面加强和改进学校美育工作的意见〉任务分工》，对加强学校美育工作进行了部署。

为了满足高等学校开设美育课的需要，笔者以上述两个文件为指导，以自己三十多年来美育研究的感悟和实践经验为基础编著成此书。在内容方面，本书有以下五个特点。

概念清楚　内容全面　本书首先对美的概念作了清楚的阐释，准确地揭示了美的本质内涵，明确了美的外延，从而清晰地描述了美的各种内容，使读者对美的各种表现了然于心。这样不仅有利于培养读者的审美能力，而且能够使读者形成正确的审美观。

人文内涵丰富　从本质上讲，美育是一种综合性的人文教育。美育效果的好坏，既取决于学生已有的人文素养，也取决于教材的人文内涵。本书不仅引入了大量与审美认知有关的思想文化知识，借鉴了很多艺术史料，而且融进了一些历史故事、神话传说和古典诗文等，人文内涵十分丰富。

贴近学生实际　孔子说："知之者不如好之者，好之者不如乐之者。"当学生对教学内容倍加喜欢的时候，教学效果自然会事半功倍。本书在写作时充分考虑了这一点，力求使内容贴近学生实际，既使学生感兴趣，也使学生获得教益。

例如，针对大学生的思想实际，本书在"人际美"和"辞章美"中都有意识地引入了爱情诗词，目的在于引导学生正确地认识爱情，使其树立正确的爱情观。

关注学生创造能力的培养 审美教育是一种特殊的认知教育，其中时刻伴随着情感体验、想象与联想活动。在这种状态下，人的思维更加活跃，大脑中灵感的闪现频率会大大增加。如果能加以正确的引导，使想象与联想活动走向深入，可以有效培养人的创造性思维能力。本书在编写时充分考虑了这一点，特别注重利用形象触发和文字提示等方式引导读者展开想象和联想。

图文并茂 浅显易懂 作为一本美育教材，本书力求给读者以充分的美感享受。为此，本书在写作时着力于两点：其一，力求语言质朴，浅显易懂，确保读者一看就懂、一学就会，使学习过程变得轻松愉快；其二，全书选配了上百幅精美的图片，读者从这些图片中不仅能获得充分的审美享受，而且可以获得丰富的人文知识。

美无处不在，美育的内容俯拾皆是，一本书确实难以写尽其精彩。加之著述时间仓促和作者学识所限，书中难免有疏漏之处，敬请各位读者在使用本书的过程中多提宝贵意见，以便笔者将其修订得更加完善。有关本书的意见和建议请直接发送至作者的电子邮箱：gchuang1962@163.com。

黄高才

2016 年于咸阳

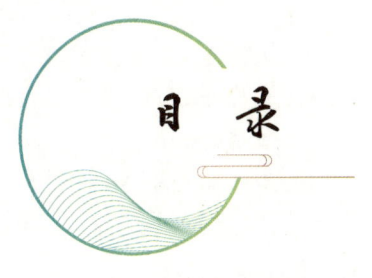

目 录

第一章 美及其特点 ...1
第一节 什么是美 ...2
第二节 美的特点 ...3
一、从属性 ...3
二、直觉性 ...4
三、认同性 ...5
四、积极性 ...5
五、时空性 ...5
第三节 美的表现及其分类 ...6
一、美的表现 ...6
二、美的分类 ...7

第二章 审美活动 ...9
第一节 审美的作用 ...10
一、在审美中提高情商 ...10
二、在审美中丰富和提升思想 ...10
三、在审美中提升想象力 ...11
四、在审美中陶冶情操、完善道德 ...11
五、通过审美激发热情、激励精神 ...12
第二节 审美的基本方法 ...13
一、审美判断 ...13
二、想象与联想 ...14
三、感受与体验 ...14
四、审美分析 ...16
第三节 树立正确的审美观 ...17
一、符合中国传统文化精神 ...17
二、顺应时代要求 ...18
三、体现现代文明 ...19
四、利于健康成长 ...20

第三章 自然美 ...21
第一节 事物美 ...22
一、美丽的昆虫 ...22
二、禽情畜义 ...23
三、美的代名词 ...26
四、竹木有情 ...30

第二节 景象美 ...32
一、美感景象 ...32
二、精神景象 ...33
三、情感景象 ...33
第三节 情境美 ...34
一、视觉情境 ...34
二、听觉情境 ...35
三、触觉情境 ...35
四、心理情境 ...35
第四节 意象美 ...36
一、日月山水 ...36
二、珍禽灵兽 ...38
三、花草树木 ...39

第四章 生活美 ...41
第一节 服饰美 ...42
一、服饰美的基本表现 ...42
二、中国古代服装管窥 ...43
三、中国古代饰品概览 ...46
第二节 器物美 ...47
一、陶器 ...47
二、青铜器 ...48
三、玉石器 ...51
四、瓷器 ...51
第三节 饮食美 ...54
一、茶道 ...55
二、美食 ...56

第四节　人情美 ...57
　　一、亲情美 ...57
　　二、友情美 ...58
　　三、爱情美 ...58

第五章　艺术美 ...61
第一节　音乐之美 ...62
　　一、音乐艺术的特点 ...62
　　二、音乐的分类 ...63
　　三、音乐的欣赏要点 ...64
第二节　雕塑之美 ...67
　　一、雕塑艺术的特点 ...67
　　二、雕塑作品的分类 ...69
　　三、雕塑艺术的欣赏要点 ...70
第三节　绘画之美 ...73
　　一、绘画艺术的一般特点 ...73
　　二、绘画的分类 ...76
　　三、绘画的基本表现手段 ...78
　　四、绘画的欣赏要点 ...79
第四节　舞蹈之美 ...82
　　一、舞蹈艺术的基本特点 ...82
　　二、舞蹈的分类 ...86
　　三、舞蹈的欣赏要点 ...87
第五节　戏剧之美 ...89
　　一、戏剧的一般特点 ...89
　　二、戏剧的分类 ...90
　　三、中国戏曲艺术的特点 ...91
　　四、戏剧的欣赏要点 ...92
第六节　影视之美 ...94
　　一、影视的艺术特点 ...95
　　二、影视的基本表现手段 ...96
　　三、影视的欣赏要点 ...101

第六章　汉字美 ...103
第一节　形体美 ...104
　　一、汉字的创造方法 ...104
　　二、独特的形体构造 ...105
　　三、汉字形体美的基本表现 ...105
　　四、从形体演变看汉字之美 ...105
第二节　识用美 ...109
　　一、易学易会、使用便捷 ...110
　　二、易被感知和识别 ...111
　　三、超强的信息承载力 ...112
　　四、强大的文化凝聚力 ...112
第三节　汉字书法美 ...113
　　一、书法元素的真善美 ...113
　　二、汉字书法的道德精神 ...116

第七章　辞章美 ...119
第一节　汉语之美 ...120
　　一、音韵美 ...120
　　二、词汇美 ...120
　　三、修辞美 ...122
第二节　文学形象美 ...124
第三节　文学意境美 ...126
第四节　文章的内涵美 ...127
　　一、感情美 ...127
　　二、思想美 ...129
　　三、意趣美 ...129
第五节　汉语文学的独特样式 ...130
　　一、诗 ...130
　　二、词 ...132
　　三、曲 ...133
　　四、对联 ...134

第八章　科技美 ...135
第一节　设计美 ...136
　　一、莲鹤方壶 ...136
　　二、半坡遗址半地穴式房屋 ...136
　　三、河姆渡干栏式建筑 ...137
　　四、都江堰 ...137
　　五、"神舟"飞天 ...138
　　六、"北斗"导航 ...139
第二节　技术美 ...140

一、骨制品 ...140
　　二、青铜制造 ...140
　　三、金银器 ...142
　　四、桥跨天险 ...144
第三节　适用美 ...146
　　一、陶甑 ...147
　　二、陶澄滤器 ...147
　　三、双耳算流灰陶壶 ...147
　　四、苇编 ...148
　　五、"蛟龙"入海 ...148
第四节　效能美 ...149
　　一、牛耕技术 ...150
　　二、陶器轮制技术 ...151
　　三、无坝引水技术 ...151
　　四、活字印刷技术 ...152
　　五、"复兴"上路 ...152
　　六、神威·太湖之光超级计算机 ...153

第一章

美及其特点

　　春天百花争艳，夏天荷花映日，秋天硕果飘香，冬天雪花飞舞……在自然界，美四季都有。绘画悦目，歌声悦耳，雕塑使人遐想，舞蹈令人振奋……在生活中，美无处不在。只要有发现美的眼睛和感受美的心灵，随时随地都能获得美的享受。

第一节　什么是美

　　美是指能够使人产生积极的情感体验，继而促使人的精神发生积极变化的事物属性。所谓事物的属性，一般是指事物的性质与事物间的相互关系。例如，花的颜色、花的结构、花的香气、花的生长习性、花的开放季节、花与叶的生长规律、叶在枝上的生长规律等。下面，我们来看两个例子。

图1-1-1　枝头的苹果

　　图1-1-1是挂在枝头的苹果。这一幅景象美在哪里？首先，美在苹果红彤彤的颜色和甜美的味道，这是苹果本身的两个属性；其次，枝与叶的映衬使人感到它很新鲜，露珠的映衬使人感到它甜美多汁、味道清爽，这两种映衬关系体现的也是事物的属性。正是因为有以上几个属性，人们在面对这幅景象时，可以凭借以往的生活经验加以想象与联想，获得美的感受与体验。

　　图1-1-2是江南园林一景。石的形状、质地、布局，树叶的颜色，树冠的形状，树的姿态，墙上的圆门，墙角的丛竹，以及各个景中元素的位置关系、比例关系等，都是事物的属性。景中各个元素的属性共同组成了这一幅美的景象，同时各个元素又凭其属性可以成为独立的审美对象。换句话说，人们可以就这幅景象进行整体审美，也可以就其中竹、树、石、水等任何一个元素进行审美。

图1-1-2　江南园林一景

积极的情感体验具体表现为情感愉悦、身心轻松和感觉舒适等；积极的精神变化具体是指人在获得审美体验之后，或是产生了对审美对象的喜爱之情，或是产生了对美好生活的憧憬，或是精神得到了振奋，或是心中有了一种信念等。

为什么说美是事物的属性呢？因为美是依赖于事物而存在的，当事物不存在时，其能够表现出来的个性美也就随之消失。当然，如果事物在人的记忆中留下了深刻的印象，其个性美也相应会留下一些记忆，能够使人在回忆中体验到一定的美感。

是否具有积极性是区分美与丑的根本标准。如果一件事物或一种行为在被人认知之后，能使其情感和精神发生积极变化，那么，它就是美的。反之，如果使人的情感或精神发生消极变化，它就是丑的。

在认识了美的本质之后，首先要弄清楚一个问题：美与艺术的关系。艺术是对美进行反映的一类文化样式，也是一种美的载体，但艺术美仅仅只是美的一小部分。美只是艺术反映的对象，不仅不等于艺术，也不一定都适合于艺术。例如，自然美是艺术反映的美的基础，但只有经过主观的再创造才能构成艺术，没有经过加工和改造的简单复制不能算作艺术。图1-1-3这幅图虽然很逼真地反映了果之美、叶之美和枝叶与果的相衬之美，但其中缺乏主观创造，所以它只是一张照片，不是艺术。

图1-1-3 李子熟了

第二节 美的特点

由于美是事物的属性，事物无处不在，美也随处都有。美不仅易于为人们所感知和理解，能够直接唤起人的情感体验，而且可以引导人的感情倾向，使人对美的事物产生喜爱之情。在同一文化背景下，人们的审美观具有高度的趋同性，这为生活美、艺术美和技术美等美的创造确立了约定俗成的标准。概括起来讲，美的特点主要表现在以下几个方面。

美的特点

一、从属性

美是事物的属性，依赖于事物的存在而存在，随着事物的变化而变化，因

图1-2-1 月季花

此，美只有从属性，没有主体性。当美所依附的事物消失，美也随之消失。例如，花园里有一朵黄色的月季花看着很清雅（图1-2-1），长在那里是一种风景，看到的人都觉得很美。如果有一个爱得特别"浓烈"的人将其折下来，花园中的那一份美将不复存在。折取者将其带回去插在花瓶里，花逐渐枯萎，美也逐渐减退。

从欣赏的角度来看，美的从属性实际上既是一种限定性，也是一种约束性。一方面，要欣赏美，必须靠近它所依附的事物；另一方面，要想使那份美存在得长久一些，必须懂得呵护。

二、直觉性

美不论依附于何种事物，不论是以何种形态表现出来，都易于为人们认识和感受，并且能够直接唤起人的美感体验，因此，美具有直觉性的特点。例如，一处赏心悦目的自然风景（图1-2-2），人们一眼看过去就能感受到它的美，继而会产生眼目舒适、心里轻松等情感反应。

图1-2-2 山水风光

美具有直觉性的特点，美的事物无处不在，一个人只要具备一定的美丑判断能力，就能随时随地获得美的体验，热情时刻被唤起，精神常常被激励，理想和信念不断被激活。这样一来，人就会时时感到生活的美好，从而拥有较高的生活质量。

三、认同性

世间事物都有美丑和优劣之分。作为一种事物的属性,美也有其判断和评价标准。与事物的优劣评价标准不同的是,美的评价标准没有定量性,只有文化的认同性。同一文化背景之下,人们的价值观和审美观等决定其对美丑的判定与评价标准。例如,在中国文化中,红色是喜庆色和吉祥色的代表,因此,人们在喜庆的节日里会选择用红色的东西营造喜庆的气氛。

四、积极性

美是指事物良善的一面,以对人产生积极的情感影响、改善人的精神状态为突出特点,积极性既是其核心与基础,也是区分美与丑的根本标准。一件事物、一种行为或者一类现象美不美,关键在于其对人产生的情感影响是不是积极的,以及能不能改善人的精神状态。如果能,它就是美的;如果不能,它就不是美的。例如,风和日丽、空气清新的环境使人身心放松、精神愉悦,这样的环境就是美的;狂风肆虐、尘土飞扬的环境使人呼吸困难、心情压抑,这样的环境就不是美的。

五、时空性

因为任何事物都是在一定的时空中存在的,所以作为事物属性的美具有时空性的特点。例如,百花争艳的景象只有在春季才能看到,硕果累累的景象只能在秋天观赏,这是美的时间性;金色的胡杨美景(图1-2-3)只有到大西北去看,美丽的西湖风景只有到杭州去找,这是美的空间性。

图1-2-3 胡杨林

换一个角度看，很多美是在特定的时空中存在的，当时空发生变化，美也会随之消失或者变化。例如，剧场里举办的大型音乐会演奏出的交响乐之美，只存在于演奏进行时的那段时间，剧场外的人即使能够听到，也很难获得身临其境的审美感受。

总之，作为事物的属性，美具有以上五个基本特点。其中，积极性和认同性是其根本；没有积极性和认同性，或者缺少了其中任何一个，可能都算不上美。

第三节　美的表现及其分类

在现实生活中，我们时时处处都能感受到美的存在，只是感受的途径和方式有所不同——有的是看到的、有的是听到的、有的是品尝到的、有的是触摸到的，还有的是通过想象和联想体会到的。美的表现形式不同，人们欣赏美的方式和方法不同，获得的审美体验也各有不同。

一、美的表现

看微课

美的表现

美是事物的属性，对于事物的存在形式具有依赖性和从属性。因此，美的表现形式一般是与它所依附的事物相一致的。概括起来讲，美的表现形式主要有以下几种。

1. 视觉形象

视觉形象是事物存在的一种基本形态，也是美的主要表现形式。不论是自然美、生活美，还是艺术美、技术美，大多表现为视觉形象。例如，艺术美中的绘画美、雕塑美和舞蹈美都是以视觉形象表现出来的。图1-3-1是唐代的石刻作品，这两件作品的造型美、体量美和工艺美是通过视觉形象表现出来的，其所蕴含的精神美，一部分通过视觉形象直接表现出来，另一部分是在视觉形象的触发下通过人们的想象和联想感悟出来的。

2. 真实情境

真实情境是自然美和生活美的一种主要表现形式。自然美的真实情境常常表现为迷人的景色（图1-3-2）、清新的境界、高远的空间等，一般都能使人的心境豁然、身心轻松；生活美的真实情境很多表现为欢乐的场面、热烈的气氛等，能够使人感受到生活的快乐，激励

图1-3-1　唐代桥陵石狮

和鼓舞人的精神。

3. 文化意象

在中国古典诗词中，有很多关于"明月"的诗，有的读来令人顿生思念之情，如"今夜鄜州月，闺中只独看"（杜甫《月夜》），有的读来使人有悲伤之感，如"明月夜，短松冈"（苏轼《江城子·乙卯正月二十日夜记梦》）。为什么在诗文中读到"明月"二字，人们会产生强烈的情感反应呢？因为诗文中的"明月"已经不再是一种简单的自然事物，而是一种具有思想美的文化意象——"明月"是相思的象征。

文化意象是人类思想美和精神美的主要表现形式。这种表现形式以各种自然事物为基础，通过赋予其一定的思想和精神内涵而使其成为一个个文化意象，借以表现思想美和精神美。例如，电视连续剧《红楼梦》中有一首插曲《红豆曲》，其中唱到"抛红豆"，抛的实际是相思，是愁绪。因为"红豆"在这里已经不是一种简单的事物，而是一种具有思想美和情感美的文化意象。

图1-3-2 杭州西湖公园一景

4. 感官知觉

美味佳肴是生活美的重要组成部分。香甜之美、舒适之美和快意之美主要是以感官知觉的形式表现出来的。例如，不论是甘蔗的甜美、佳肴的香美，还是好酒的醇美、果蔬的爽美，都必须通过品尝才能感受到。西瓜的味美是通过感官知觉表现出来的。为什么人们看到这幅图片（图1-3-3）就能感受到其爽口之美呢？这是因为以往的感官知觉在大脑中留下了印象，当西瓜形象再次出现时，以往的记忆性美感被唤起。

图1-3-3 西瓜

5. 心理感受

亲情美、友情美和爱情美，这些美都是以心理感受的形式存在的，人们既可以在各种人际活动中真切地体验到，也可以通过艺术作品以及现实情景感受到。例如，人们不论是聆听刘和刚演唱的《父亲》，还是聆听阎维文演唱的《母亲》，都能获得强烈的情感体验，感受到亲情之美。

二、美的分类

因为美没有主体性，只有从属性，美的分类一般是按照其所依附的事物的属性来分类的。按其所依附的事物性质来分，美主要分为自然美、生活美、艺术美、汉字美、辞章美和技术美六大类。

1. 自然美

自然美有两个含义：一是指自然界中各种事物美的属性，二是指事物与生俱

看微课

美的分类

来的美。自然美的最大特点是单纯、本真，没有经过人为加工，一般能够给人以清雅、和美和素朴的印象，使人从中感受到自然的意趣。

华山风光

自然美既是一切美的基础，也是各种美的创造的基本参照。自然美的内容十分丰富，表现形式多样，其中，既有各种事物形象，也有各类情境，同时还有丰富的文化意象。例如，春天的牡丹、夏天的荷花、秋天的海棠、冬天的梅花，既是自然美的事物形象，同时又是具有思想美的文化意象。辽阔的大海、壮美的草原、高远的天空、美丽的春色、迷人的秋景等，这些都是自然美的情境。如图1-3-4所示，梅花在雪的映衬下显得傲骨铮铮，颇有神采，这是作为一种自然形象给人的美的印象。作为一种文化意象，它是坚贞、纯洁和高尚的象征——这是自然事物被赋予的思想美。

2. 生活美

生活美是指人们为了满足生活的需要，通过劳动创造的一切物质中所表现出来的美。生活美以服饰美和饮食美为基本内容，以器物美、建筑美和人际美为重要组成部分。

图1-3-4 雪梅

生活美与人的距离最近，对人产生的情绪和精神影响一般要比自然美直接和强烈，尤其是饮食美和人际美。因此，拥有一个良好的人际关系圈子，可以使人积极乐观，富于朝气和充满奋斗精神。

3. 艺术美

艺术美是以自然和生活为基础，通过对自然美和生活美的提炼和加工创造出来的一种美。相对于自然美而言，艺术美中不仅加入了思想美的元素，而且精神美更为突出，因而，艺术美不仅给人以积极、强烈的审美影响，而且能鼓舞人的精神、增强人的信念。相对于生活美而言，艺术美更加集中和典型，对人的情感和精神的影响更为直接和强烈。

4. 汉字美

文字是记录语言的符号系统，任何一种文字的创造都融入了人类的智慧。汉字之美主要表现在两个方面：一是形体的图画美，二是表意的内涵美。

5. 辞章美

辞章美有两大内容：一是指语言本身所具有的各种美的元素，其中包括音韵美、词义美、修辞美和语法美；二是指各类以辞章形式存在的事物中所包含的美，其中包括应用文和文学作品的思想美、形象美和意境美等美的元素。

6. 科技美

科技美是指科技应用在产品上所表现出来的各种美，其中包括设计美、技术美、适用美和效能美。

第二章 审美活动

　　美无处不在，因此人们的审美活动随时随地都会发生。其中，有的是在无意注意的状态下自然而然发生的，有的是在有意注意的情形下发生的。由于主观作用不同，对美的体验深度不同，获得的审美享受也各不相同。一般情况下，在审美活动中，主观能动性越强，对美的体验越深刻，获得的美感享受就越充分。

第一节 审美的作用

看微课
审美的作用

审美是一种乐在其中的学习方式。因为审美的领域十分广泛，可以作为审美对象的事物难以数计，并且不同的事物美的内涵不同，所以审美在培养和提高人的素质方面有着十分重要的作用，其中包括提高情商、丰富思想、提升道德修养等。

一、在审美中提高情商

情商，即情绪商数，主要指个人情绪控制、情绪调节、自我激励与鞭策，以及识别他人情绪、处理人际关系等几个方面的能力。

情商的高低主要取决于人的心地、性格和见识等。一般来讲，一个人的心地越善良，性格越温和，见识越多，其情商就越高。

经常性地进行审美活动可以不断唤醒人的爱心，使人心地变得善良、性格变得温和、情绪变得稳定，这样一来，情商就会提高。

> **例** 圯桥进履
>
> 良尝闲从容，步游下邳圯上，有一老父，衣褐至良所，直堕其履圯下，顾谓良曰："孺子下取履。"良愕然，欲殴之。为其老，强忍，下取履。父曰："履我！"良业为取履，因长跪履之。父以足受，笑而去。（《选自史记·留侯世家》）

这段文字的大意是：张良在桥上悠闲地散步，遇见一个穿着十分朴素的老翁。老翁走到张良跟前时，故意将鞋子踢到桥下，然后对张良说："小子，把鞋捡上来。"张良听到很惊愕，很想教训他一下，但看他年龄大，就忍住了，并且到桥下帮他把鞋子捡了上来。老翁伸着脚说："把鞋给我穿上。"张良想，既然已经捡上来了，就帮他穿上吧，于是就跪下给老翁穿鞋子。老翁伸着脚让张良给自己穿好鞋，然后扬长而去。

在这件事中，"忍"不仅是因为张良情商高，而且还在于他心地善良，有尊老的美德，这在张良为老翁跪下穿鞋这一动作中就体现出来了。

二、在审美中丰富和提升思想

不论是自然事物，还是社会现象，或者是人们的言行等，很多都能给人以思想的启示，使人在想象与联想中不断丰富思想、提高认识水平。例如，我们欣赏的各种花卉，大多都有花语；借以观照人格的各种事物形象，都有寓意或象征意等。因此，美育不仅可以丰富文化知识，而且可以提升思想境界。下面，我们通过一个例子来看一下。

图2-1-1是青城山的一处风景。对这一风景进行审美，我们可以得到多种思想启示。启示一：一级台阶的高度很小，但无数个台阶组合在一起，可以叠加出山的高度——人的一步虽然跨不出多远，但坚持不懈、一步一个脚印地走，便能走过一程又一程，翻过一山又一山。启示二：不论山有多么高峻、路有多么艰险，有了这一级级的台阶，人们就能安全地到达山顶，站在高处看美丽的风景——人生的道路难免有艰险的一段或几段，遇到艰难时，若能找到适合自己的台阶，便能平安地走过。启示三：沿着这一级级的台阶向上，的确要比走平路费些力气，但能站上一定的高度——要想自己的人生有高度，就要努力向上，不能贪图安逸。

图2-1-1 青城山风景

三、在审美中提升想象力

审美是一种特殊的认知活动，通过对各种事物的审美认知，可以增加知识储备，丰富大脑中的表象，为想象与联想奠定更加坚实的基础，这是其一。其二，美育活动都是以美好的事物形象或情境为基础展开的。美育所利用的事物形象或意境一般都能触发欣赏者的联想、引发其想象，使欣赏者的思维能力得到发展、创造能力得以提升。因此，审美可以增加知识，活跃思维，提高人的智力水平。下面，我们来看一个例子。

以图2-1-2的景象为审美对象展开想象与联想，可以获得多方面的思想启示：鹅黄的叶子透着绿意，鲜润中表现出生机；叶脉清晰而细腻——它似乎在告诉着人们，活着就要活得坦诚、清楚、明白。因为有枝干的坚强托举，叶子无畏无惧，傲然挺立在枝头，风吹不摇摆，雨打不低垂——它要让自己成为枝干的骄傲，报答它们的养育之恩和托举之情。

由审美对象展开想象与联想，不仅能够增强思维能力，提高心智水平，而且可以获得思想上的启示，丰富思想积累，提高认识水平。

图2-1-2 墙角的风景

四、在审美中陶冶情操、完善道德

审美活动通过唤起人们的美感体验而改变人的心境、纯洁人的灵魂、陶冶人的性情，使人以更加积极的心态更加乐观地生活。以音乐欣赏为例，音乐对人的性情有极大的陶冶作用，会使人成为一个感情丰富的人、一个有格调和品位的人、一个富有同情心的人。工作之暇，茶余饭后，静下心来听一首歌，进入歌词的意境，不仅能陶冶我们的性情，而且能释放工作和生活压力，使我们身心清爽，感受到生活的美好。

一般情况下，美与真、善是相互依存的。从这个意义上讲，审美过程实际上是一个求真、向善的过程，经过广泛地和不断地审美，人的心地会变得更加纯洁和善良。因此，审美可以完善人的道德。

特别值得注意的是，不论是自然事物、生活事件，还是艺术作品，很多审美对象本身就有一定的道德内涵——这些审美对象不仅能够给人以鲜明的道德启示，而且由其展开的审美活动能够促使人迅速走向道德的完善。下面，我们来看两个例子。

图2-1-3 八牛贮贝器

图2-1-3是西汉时期的一件八牛贮贝器（现藏于上海博物馆）。器盖上塑了八头处于高度警觉状态的牛，器壁上塑着意在攻击牛群的两只猛虎。危急时刻，七头小牛将一头老牛围在中间，它们要保护母亲。在对这件器物进行审美分析时，只要就"七子护母"的景象展开想象与联想，就能获得强烈的审美体验。小牛和老牛相比，体形明显的小很多——它们还很弱小。面对着猛虎，它们也很恐惧，但为了保卫母亲，它们都勇敢地站在母亲身边，誓与猛虎决一死战。想象与联想至此，情感和思想都会被触动，良善之心也会被唤醒。

例 小犬复仇

龟山村民赵五家，犬生数子，两月后，皆为人求去，独存其一。方欲随母行，而母为虎所食，赵呼邀邻里数壮者持矛逐之。虎举步捷驰，不可及。稚犬悲鸣，往趋虎后，衔其尾，左右旋转，虎回头搏噬，不能伤，带之以走。犬为棘刺挂胃，皮毛殆尽，流血洒地，终不肯脱口。虎由此亦系累，奔逸稍迟，已遭追及，死于刃下。（选自《夷坚志》）

一只小狗根本无力对抗一只猛虎，但其对母亲的感恩之心使它无所畏惧，即使在被荆棘挂住、皮毛几乎被剥光的情况下依然忍着难以忍受的剧痛不肯松口。这是怎样的一种精神？读这则寓言，我们可以明白一个道理：真爱与感恩可以使人无所畏惧，能使人爆发出一种强大的力量。

五、通过审美激发热情、激励精神

审美关注的是事物美好的一面，能够使人看到很多美好的东西，易于唤起人的生活热情，使人热爱生活、更有激情地生活。通过积极的审美活动，人们不仅能够看到生活的美好，而且可以感受到人生的精彩，从而更加热爱生活、热爱生命，更好地生存和生活。因为热爱生活，便会懂得生活，就会生活得更好。

当人们在审美实践中获得强烈的情感体验，生活热情被唤起之后，会自然而然地产生对美好生活的向往之情。有了对美好生活的向往之情，人的进取意识随之产生或增强，精神会得到激励和焕发。例如，观看舞蹈表演，看到舞者无忧无虑、欢快地舞蹈时，我们不仅会倍觉轻松，而且精神会受到鼓舞。

第二节　审美的基本方法

审美不仅可以优化人的心性，涵养人的品德，激励人的精神，而且可以提高人的思维能力，提升人的心智水平。学会审美，不仅能够使学习更加轻松愉快，而且可以显著提高学习效果。怎样学会审美呢？一般来讲，掌握下面所讲的审美的基本方法，就可以随时随地展开审美活动。

看微课

审美的基本方法

一、审美判断

审美判断就是对审美对象美还是不美做出一个基本的评判。审美判断既是一种基本的审美方法，也是其他审美方法应用的基础。一般来讲，对于人、事、物进行审美判断，其目的主要有两个：一是对于比较常见的、简单的事物，或者只是作为参照的人物言行等做出美还是不美的判断，只要得出判断结论审美活动就算结束。例如，一位同学在上学的路上看到地上有一个果核，走过去捡起来放进路边的垃圾桶，一个同学搀扶一位老奶奶上公交车……这些日常生活中极其常见的人物行为一般不需要做深度的审美分析，只要进行审美判断即可。二是对于相对复杂的、或者需要进行审美分析的事物，首先要做出一个基本的判断，以便决定要不要将审美活动继续下去，或者根据审美对象的特点确定进一步审美的方法。例如，当我们在咸阳市中华广场看到这件《千古雄风》（图2-2-1）大型雕塑作品时，首先对其做出一个基本判断：形象生动，气势雄伟。继而就这件雕塑作品的思想内涵进行分析，使审美活动深入下去。

图2-2-1 《千古雄风》雕塑

审美判断是一种比较简单、应用十分广泛的审美方法。对于花草树木、稻谷果蔬等自然事物或由自然事物组成的景象进行审美，一般采用审美判断的方法即可达到审美目的。

虽然审美判断是一种比较简单的审美活动，但它也能够使人获得审美感受。因为审美判断是在审美感知的基础上进行的，所以审美判断一般都伴随着一定的审美快感。例如，当我们看到百花争艳的景象时，不仅大脑中会产生"美"的印象，而且情感上会产生审美的愉悦感。

在日常生活和学习中，同学们的审美活动大部分是无意注意下的审美活动，这类审美活动绝大部分都是以审美判断的方式进行的。

二、想象与联想

想象与联想是一种深度审美的方法。通过想象与联想，我们可以追踪艺术作品的创作过程，或把握创作者的意图，对作品进行正确的理解和合理的审美分析；通过想象与联想，我们能够从各种自然事物身上看到或感悟到类似于人的品质与精神，从而深透理解或正确解读各种意象的文化内涵。下面，我们来看一个例子。

图2-2-2是新石器时代舞蹈纹彩陶盆（现藏于中国国家博物馆），其制作年代距今五千多年。这件彩陶盆上有三组跳舞的人像，每组五人，手拉手，做着舞蹈动作。针对这件器物，我们可以从三个方面展开想象与联想：一是想象制作者在观看舞蹈表演时获得了强烈的审美体验，继而产生了表现美的冲动，将舞蹈情景经过形象思维的处理后绘制在陶盆上；二是从陶盆上的舞蹈纹图案展开想象与联想，不仅可以看到原始先民舞蹈的生动场面，而且可以联想到他们和谐相处的状态，感受其生活情趣；三是从舞蹈发展史的角度展开联想，将其与原始艺术联系起来，感受中国文化的魅力。

在审美活动中，想象与联想这种方法的使用具有四个方面的作用：一是通过想象与联想，对审美对象进行正确、深刻地解读；二是通过想象与联想，将物与人联系起来，以物观人，从中获得道德的启示与精神的激励；三是通过想象与联想，获得更加强烈的审美感受与更加深刻的审美体验；四是想象联想与审美活动相结合，可以促使创造性思维能力的提升。

图2-2-2 舞蹈纹彩陶盆

三、感受与体验

审美的最大特点是使人身心轻松、精神愉悦。深度的审美还会使人感情激动、精神振奋等。一般来讲，审美感受越强烈、体验越深刻，审美收获越大。

感受与体验是在对审美对象进行感知的基础上，通过欣赏、品味、分析，或者通过联想、类比等唤起大脑中的记忆，引起情感或精神反应的一种审美方法。这种方法应用的基础主要有两个：一是各种感官在对审美对象进行感知时的自然反应。例如，看到美景时产生留恋感，嗅到花香时产生陶醉感，聆听柔美的音乐身心轻松，欣赏激昂的音乐精神振奋。二是人们的生活经验。例如，读艾青《大堰河——我的保姆》中的两句"她含着笑，提着菜篮到村边的结冰的池塘去，她含着笑，切着冰屑悉索的萝卜"时，凭借我们以往的生活经验（结冰的池塘，水冷刺骨；以"冰屑悉索的萝卜"为菜，生活清苦）会真切地感受到大堰河的生活很苦，但生活的苦没有使她消沉，也没有丝毫改变她对乳儿的深爱。

应用感受与体验这种方法进行审美，首先是对审美对象要进行反复地感知、欣赏和分析。例如，对绘画作品要反复、仔细地观赏，对于音乐作品要悉心地聆听。其次是想象与联想，通过想象与联想将审美对象与生活联系起来，与人生联系起来。下面，我们通过两个例子来看一下。

图2-2-3是凡·高的一幅油画作品。这件作品以树木掩映下的农舍为背景，描绘了在田地上耕作的农民看见妻子带着女儿到来时，连忙放下手中的铁锹，蹲下身来张开双臂，鼓励女儿走过来的情形。对于这样一幅作品，只有反复、仔细地观察，同时加以想象与联想，才能获得充分的审美感受。

图2-2-3　凡·高《第一步》

仔细观察可发现，妈妈扶着学步的女儿，女儿注视着爸爸，伸着胳膊，身子前倾，呈奔向爸爸的姿势，爸爸张着两个臂膀，随时准备着保护女儿，防止她摔倒。特别要注意画面细节：妈妈弯着腰看着女儿，爸爸的左边是手推车，右边地上是一把随手放下的铁锹。

联想一下：妈妈带着女儿到田园中找爸爸，正在劳作的爸爸听到女儿的声音后，立即放下手中的工具，就要走过去抱女儿。这时，妈妈让爸爸停在原地，将女儿放下来，让她走到爸爸那儿去，但她并没有完全撒手，两手一直做着防护动作；爸爸蹲下身来张开双臂，做好了保护女儿、拥抱女儿的动作。女儿张开双臂，身子前倾，表现了投入爸爸怀抱的急切心情。这一系列的动作中，无一不包含着亲情与真爱。由这幅画作展开进一步的联想，想一下自己成长过程中爸爸妈妈的一路呵护，内心就会产生强烈的情感反应。

图2-2-4　贺兰山岩羊

图2-2-4是艳阳下一只老岩羊带着小岩羊在贺兰山顶上奔波的情景。仔细观察这幅图片，不难看出老岩羊和小岩羊都有些疲惫，但它们依然在坚持行走。想象一下，它们为什么在艳阳下奔走？一是为了给孩子找一点"可口"的食物，老岩羊拖着病弱的身子已经翻越了好几个山头。二是为了培养孩子的生存能力，老岩羊带着孩子在烈日下跋涉。经过观察和想象，我们就会产生一种审美感受：母爱无私！

四、审美分析

审美分析就是对审美对象的文化内涵进行解读。一般情况下，审美分析的内容主要包括四个部分：一是对作为文化意象的自然事物寓意、象征意的解读，或者对一些自然事物进行拟人化的分析，借以表现人的品德与精神等；二是在审美鉴赏的基础上，对各类艺术作品进行思想分析；三是对人的语言、行为等进行审美分析；四是对值得关注的社会事件、社会现象进行审美分析。下面，我们通过两个例子来看一下。

蚂蚁之美

图2-2-5是两只蚂蚁合力搬运食物的情景。单就蚂蚁的形象而言，很难被人们作为一种审美对象。但是从这一情景展开联想，我们能感悟到蚂蚁的合作精神和集体意识，也能看到蚂蚁的进取精神和拼搏精神等。通过这个例子同学们应该明白，很多看似平常或意义不大的东西，只要进行一番审美分析，便能发现其思想价值，从中获得思想的启示和精神的激励等。

图2-2-6是西汉时期的一件石刻作品《人与熊》（现藏于陕西咸阳兴平市茂陵博物馆）。这件作品的主体是人与熊互相扭打在一起。石人体形粗壮，高额深目，隆鼻大嘴，耸起双肩，以铁钳般的双手，紧紧抓着一只野熊，并且用嘴咬着熊的上颚；熊一边用后腿踢蹬着人，一边用嘴狠咬人的下唇，两者斗得难解难分。石人被咬的表情、大嘴紧咬熊嘴的细节刻画，十分生动传神。

不难想象，在雕刻这件作品时，创作者有意将熊的体形雕刻得较小，让人的形象显得十分高大，这样夸张性的对比处理，将正义必将战胜邪恶的主题表现得十分突出。

图2-2-5 团结协作

图2-2-6 人与熊

结合历史作进一步的分析，这件作品旨在表现远征抗击匈奴的将士们既要与剽悍凶顽的敌人拼杀，还要与猛禽怪兽、风沙雪雨、饥渴伤痛种种困难作斗争，"人与熊"的殊死搏斗正是将士们胆略、气魄、力量的艺术表现。

在实际审美的过程中，以上几种方法都是结合使用的，很少有单独使用一种方法的情况。

第三节 树立正确的审美观

审美是一种乐在其中的学习活动，正确地进行审美不仅可以提升心性、涵养道德、振奋精神，使人的智商、情商得到提高，而且可以丰富人的思想，提高认识事物、分析事物和辨别美丑的能力。那么，怎样才能正确地进行审美呢？那就要树立正确的审美观，正确选择审美对象。一般来讲，正确的审美观必须符合以下几个要求。

一、符合中国传统文化精神

中国传统文化的基本精神是中华民族在长期的实践中总结出来的思想准则与行为指南。从大的方面来讲，在维系民族团结、维护社会和谐、促进生产力发展等方面都发挥着难以替代的作用；从小的方面来看，它是人们修养身心和做人做事十分重要的指导思想。

在符合中国传统文化基本精神的前提下树立审美观，至少可以明确五个审美原则：一是坚持"天人合一"理念，热爱大自然，以欣赏的眼光看各种自然事物，不仅能够从自然审美中获得充分的审美享受，而且可以通过自然审美活

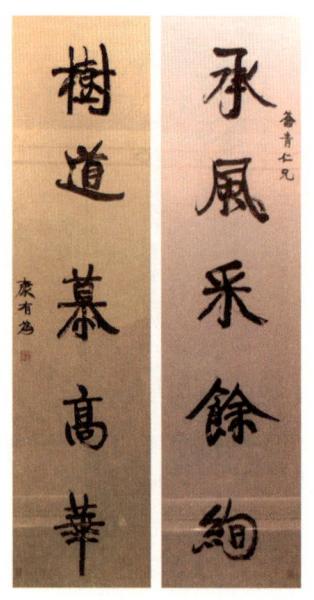

图 2-3-1　康有为行书五言联

跃思维、增长知识、明白事理、感悟哲理等，使自己的情商、智商等都得到提高。二是坚持"和谐"的理念，从各种自然事物、社会事件和艺术作品的和谐中获得审美享受，寻找启示和借鉴，不仅使自己身心和谐，而且通过自己的行为维护社会和谐。三是坚持"持中"的理念，以平和的心态面对所有的人、事、物，以辩证的眼光看待各种人、事、物，不持偏见，不走极端，善于从一切人、事、物中发现美，从而提高自己的情商。四是坚持"以人为本"的理念，对于各种事物的审美评价，首先看其能不能促进人的身心和谐，能不能满足人们的各种生活需要，以及是否有利于人类的进步等。五是坚持"崇德"理念，以中华传统美德作为人物言行的审美评价标准，通过审美，牢固树立爱党、爱国、尊敬师长、友爱同学等思想观念。下面，我们通过两个例子来看一下。

图 2-3-1 是清代教育家康有为的行书五言联（现藏于上海博物馆）。这幅书法作品用笔自然，笔画伸缩有度，结字大小均匀，既有自然、朴厚之美，又有和谐之美。

图 2-3-2 是元代李升的《澱山送别图》卷（现藏于上海博物馆）。这幅作品不论是构图，还是各个构图元素的大小比例、位置关系，都显得十分和谐，整幅画呈现出一种清静、雅和之美。

图 2-3-2　李升《澱山送别图》卷

二、顺应时代要求

不论是古人，还是今人，每一个人都要生活在一定的时代里。只有适应你所生活的时代环境，热爱你所生活的时代，你才会感到快乐，才能产生出幸福感。

因此，个人的审美观必须顺应时代的要求，符合大众的利益。

正确的审美观应顺应时代要求，主要表现在四个方面：一是符合现时代的道德标准；二是紧扣现时代发展的主旋律；三是符合当代主流文化的基本精神；四是与现时代人们普遍性的审美观具有趋同性。例如图 2-3-3 这幅国画作品，从传统文化的角度和中国画的写意性来看，有一些俗气，不够雅致，是不入流的，但是现在人们大多喜欢这种风格的。因为"为大众服务"是我们这个时代文艺创作的主旋律，所以，对这种风格的作品，我们也应该给予肯定。

一个人的审美观顺应了时代的要求，就容易发现这个时代所有美好的东西，热爱这个时代，为了让这个时代更加美好而付出自己的努力，从而活得有激情、有理想，活得更加精彩。

图 2-3-3　富贵花开国画

三、体现现代文明

美是事物的属性。随着科学技术的不断发展和社会的不断进步，各种新生事物大量出现，人们的生活状态发生变化，审美的内容、审美的方式等都在一定程度上发生了相应的变化。例如，在中国传统戏曲《天仙配》中有两句唱词"（女唱）随手摘下花一朵；（男唱）我与娘子戴发间"，这两句唱词既反映了男耕女织时代人们纯朴的审美观，也表现了那个时代人们比较单纯的审美行为。如果把同样的行为放在当下，人们会有不同的看法，这是审美观的变化。当今时代，人们观赏美景感觉不尽兴或希望留下这美好的瞬间时，便会用手机或相机将其拍下来，这是审美方式的变化。

正确的审美观体现现代文明，主要表现在三个方面：一是树立科学的审美观，将对事物的审美与科学认知相结合，在获得审美享受的同时，可以提高心智水平等。例如，我们在欣赏图 2-3-4 这座大桥的时候，将审美与科学认知相结合，既要看到它的雄伟与壮丽之美，还要知道它在桥梁建造史上创下的两个世界第一；欣赏者既获得了审美享受，又增加了科学知识，同时增强了民族的自豪感。二是乐于接受和善于接受美的新生事物，树立包容、多元的审美观。例如，我们既能从大红灯笼高高挂的节日喜庆景象获得审美体验，也能从利用现代光电技术制造的"灯光秀"中获得审美享受。三是在立足现代文明的大背景下树立审美观。例如，对于青年人的穿着打扮，不要一味地用传统的道德标准去衡量，而是要站在现代社会文明的角度来看。

图2-3-4　重庆朝天门长江大桥

四、利于健康成长

在学习古典诗词的时候，同学们读过"葡萄美酒夜光杯，欲饮琵琶马上催"（王翰《凉州词》）、"劝君更尽一杯酒，西出阳关无故人"（王维《送元二使安西》）等有关饮酒的诗句。对于成年人来说，适量饮酒，可能是一种生活享受，也可能是一种审美体验，但是对于青年学生来说，饮酒有害健康。这就是说，审美对象对于审美主体有一定的选择性。因此，树立审美观要从青年学生的实际出发，以利于健康成长为原则。

在利于健康成长的原则下树立审美观，主要表现在三个方面：一是要用善眼看世界，即能够从一切事物上面看到美好的东西。用一双善眼看世界，就会觉得这个世界很美好，从而热爱生活、热爱生命，促进心理健康。二是善于从事物的本质美中寻求启示与借鉴，特别是获得道德和精神的启示与借鉴，不断地完善道德、振奋精神、坚定理想，永葆进取之心。三是辩证地看待一切美的事物与现象，既要从中获得美的感受与体验，又要防止受其消极的影响。例如，我们可以通过想象与联想从"采菊东篱下，悠然见南山"的诗句中获得审美感受与体验，但不能被其"隐退"思想消磨进取心。

除了以上几个要求外，审美观的树立还要尊重公众习俗等。树立正确的审美观，不仅能够增强辨别美丑的能力，而且能够从审美活动中获得更多的益处。

第三章 自然美

  自然美是指各种自然事物美的属性和非自然事物原本就有的美的特质。自然美具有广泛的认同性,它既是人们审美思想形成的基础,也是各种审美标准产生的基础,同时也是生活美、艺术美和技术美创造的参照和范本。因此,人们不论是欣赏美,还是创造美,一般都从认识自然美开始。

第一节 事物美

歌曲《我的祖国》中有一句歌词："姑娘好像花儿一样。"这句歌词之所以用鲜花来比喻姑娘的美丽，是因为鲜花这种自然事物是人们公认的美的代表和象征。和鲜花一样，自然界中有很多事物都具有美的属性。

事物美既是自然美的主体部分，也是一切美创造的基础。不仅人们对美的认识是从自然事物开始的，而且人类各种美的创造活动也是从对事物美的利用、改造和模仿开始的。下面，我们通过几种自然事物的例子来看一下。

一、美丽的昆虫

昆虫是自然事物中的一个大类，到目前为止，人们已经发现的昆虫有一百多万种。其中，有很多昆虫不仅外形美，而且具有一定的道德和精神内涵。下面，我们来看几个例子。

（一）蝴蝶

不论是暮春，还是初夏，当我们走进公园或步入田野时，都能看到各种各样的蝴蝶。不论是在花间小栖，还是在空中飞舞，蝴蝶（图3-1-1）都给人美丽的印象。

蝴蝶是昆虫中的一个大类，全世界已记载近20 000种蝴蝶。蝴蝶翅膀上的鳞片里含有丰富的脂肪，它不仅使蝴蝶十分美丽，而且能把蝴蝶保护起来，让蝴蝶在细雨中也能飞行。

蝴蝶的生命虽然短暂，但不论是只有一个月，还是只有短短的几天，蝴蝶都会快乐地飞舞，一是展示自己的美丽，二是享受生命的美好。在蝴蝶身上，我们不仅能够看到一种乐观向上的精神，而且可以感悟到一种奉献精神——即使生命十分短暂，也要奉献一份美丽给人间。

图3-1-1 美丽的蝴蝶

（二）蜜蜂

蜜蜂（图3-1-2）是一种会飞行的群居性昆虫，成虫一般体长2～4厘米。蜜蜂的飞翔时速为20～40千米，高度1千米以内，有效活动范围在距离蜂巢2.5千米以内。所有的蜜蜂都以花粉和花蜜为食，这些食物都是自己采集的。

蜜蜂具有无私奉献的精神，奉献给人类的很多，但不向人类索取。蜜蜂是授粉昆虫的一种，在传授花粉的过程中扮演着至关重要的角色。世界上76%的粮食作物和84%的植物依靠它们传授花粉。

蜜蜂具有勤劳的美德。采集花蜜是一项十分辛苦的工作，蜜蜂获得一蜜囊花蜜，要采访1 100~1 446朵花，期间的劳动强度是很大的。说得更具体一些，蜜蜂要酿出500克蜂蜜，需要来回飞行3.7万次。在植物开花的季节，蜜蜂天天忙碌不息。

蜜蜂身上还具有一种积极向上的精神。蜜蜂中的工蜂寿命一般是30~60天。在有限的生命里，蜜蜂辛勤劳作，从不懈怠，直到生命的最后一刻。

图3-1-2　勤劳的蜜蜂

从以物观人的角度看，在蜜蜂的身上，不仅彰显着勤劳的美德，而且书写着无私奉献的精神。从蜜蜂身上，人们不仅会受到道德的感染，而且能得到精神的激励。

（三）蝉

"明月别枝惊鹊，清风半夜鸣蝉"（宋·辛弃疾《西江月·夜行黄沙道中》）、"蝉声无一添烦恼，自是愁人在断肠"（宋·杨万里《听蝉八绝句》）、"高蝉多远韵，茂树有余音"（宋·朱熹《南安道中》）……在中国古典诗词中，描写蝉的句子俯拾皆是。由此可见，蝉这种昆虫历来为人们所喜爱。

蝉是一种半翅目的昆虫。蝉的幼虫生活在土中，通常会在土中待上几年甚至十几年。即将羽化时，一般是在黄昏及夜间钻出土表，爬到树上，然后抓紧树皮，蜕皮羽化，整个羽化过程大约需要一个小时左右。

古人认为蝉性高洁，所以古诗文中经常以蝉的形象作为高洁君子的象征。《史记·屈原贾生列传》中说："蝉蜕于浊秽，以浮游尘埃之外。"这两句是说，蝉在羽化之前生活在污泥浊水中，一旦羽化，即飞到高高的树上，只饮清露，自清自洁。唐代虞世南写过一首诗《蝉》："垂緌（ruí）饮清露，流响出疏桐。居高声自远，非是藉（jiè）秋风。"这首诗中的蝉就是高洁君子的象征。

二、禽情畜义

现有的实物证据证明，中国人以畜禽为审美对象始于八千多年之前。从8 100年前山东后李人（以"后李文化"称）用陶泥捏塑小陶猪开始，在长达几千年的时间里，各种畜禽形象的陶塑大量产生。与此同时，在中国早期的彩陶器物中，有很多器物上描绘的是畜禽纹。

值得注意的是，人们以畜禽作为审美对象，主要关注的是其存在的价值，寄托的是希望生活美好的愿望。因此，以畜禽作为审美对象，重点是对其文化意义的解读。

（一）猪是财富的象征

猪是人类驯养得比较早的一种家畜。根据已有的实物证据来看，早在距今七八千年以前，中华先民们已经开始养猪。图3-1-3中有两件文物。左边的一件是出土于山东后李文化遗址的小陶猪，其制作年代距今8 000多年；右边的一件是出土于浙江河姆渡文化遗址的猪纹黑陶钵，制作年代距今7 000多年。这里所举的仅仅是两个例子，有关猪的文物，从史前遗址到汉代的墓葬，出土的数量很多。

图3-1-3　陶猪和猪纹陶钵

在中国古代，人们为什么对猪这类家畜很是偏爱呢？从形体来看，猪体态圆浑，给人以憨厚的印象；从生性来看，猪是一种性情温和的动物。从"家"字的构成和大量的出土文物综合起来看，在上古人类的眼中，猪既是财富的象征，也是幸福之源。后来，人们不仅将猪视为招财纳福的吉祥物，而且在猪的形象上面赋予了厚道、忠诚、谨慎、诚实等意义。

（二）狗是人类的朋友

狗与马、牛、羊、猪、鸡并称"六畜"，是人类最早驯养的家畜之一，被称为"人类最忠实的朋友"。已有的实物证据证明，中国人养狗的历史最短也有七八千年的历史。图3-1-4是出土于甘肃大地湾遗址的一件斗犬纹彩陶罐（现藏于甘肃省博物馆），其制作年代距今约4 900～5 500年。这件器物上描绘的图案证明，早在新石器时代人们已经将狗作为一种审美对象。

图3-1-4　斗犬纹彩陶罐

在中国文化中，狗是一个文化内涵十分丰富的意象。首先，狗对主人忠诚、对敌人凶狠的特点，使狗成为忠诚、忠于职守的象征。其次，狗在中国人的心目中是一种吉祥物，人们认为狗能够祛邪免灾。中国民间有"猫来穷，狗来富"的说法，因此一般人家都喜欢养狗。正是因为人们将狗视作一种吉祥物，所以历代的陶塑作品中都有狗的形象，尤其是汉代，人们制作的陶塑狗数量很多。例如，在位于陕西西安市北的汉阳陵陪葬坑中就出土了数以千计的陶塑狗。

（三）牛是奉献者

在中国农耕文明史上，耕牛曾经发挥了十分重要的作用，为中华民族的兴旺发达做出了不可磨灭的贡献。因此，重情重义的中华民族一直将牛视为道德楷模，在牛的身上赋予了很多积极的文化意义。

从商代开始，一直到近现代，在长达三千多年的时间里，人们为了表达对牛的喜爱之情，或是借牛表达美好的生活愿望，制作了大量以牛为题材的雕塑作品，其中包括青铜牛、石刻牛和陶塑牛等。与此同时，在历代中国画作品中，也出现了大量以牛为素材的佳作。

图3-1-5是一件商代的牛尊（现藏于中国社会科学院考古研究所）。这件器物所塑牛的形象有五个突出特点：一是体态健壮肥硕，二是四足壮实，三是弯角强劲有力，四是牛口微张，五是纹饰华美。这样的造型设计寓意十分清楚，即强健的劲头与努力进取的精神。

我们以牛为审美对象，首先必须弄清楚牛所具有的品德。第一，牛勤勤恳恳，任劳任怨，具有勤劳、善良的美德。第二，牛吃的是草，挤出来的是奶，具有无私奉献精神。第三，牛不仅吃苦耐劳，而且坚忍顽强，具有顽强拼搏的精神。第四，牛的力气大，又善于奋力向前，既是强健的代名词，又寓意有本领、能成功等。

图3-1-5　商代牛尊

（四）羊是美善的象征

现有实物证据证明，早在距今七八千年以前，中国人就开始养羊。在长时间与羊打交道的过程中，人们逐渐发现了羊身上所具有的一些美德，于是赋予了羊一些文化意义。今天，我们以羊为审美对象，首先要了解在中国传统文化中羊的寓意和象征义等。

第一，羊性情温和，秉性善良，独处安详，群居和谐，被人们视为"祥瑞"之物，是吉祥的象征。因此，"羊"在古代与"祥"相通，具有吉祥的含义。因为人们将羊视为"祥瑞"，所以在中国历代的雕塑、绘画作品中出现了大量的羊的形象。

第二，羊不仅生性善良，忍辱负重，对人有所奉献，而且还有尊老爱幼的品德等。因此，人们将羊视为美德与善良的化身。汉字中的"美""善"二字都是以"羊"为部首的字。《春秋繁露》中说："羔食于其母，必跪而受之，类知礼者。"这几句话的意思是羊羔知感恩而跪乳。

图 3-1-6　西周玉羊

图 3-1-6 是一件西周时期的玉羊（现藏于山西博物院）。这件器物用青白玉圆雕，卧羊回首，大角内卷，造型简练生动。头、背、尾有隆起的棱脊，极具装饰效果和写意风格。

（五）鸿雁的文化意义

雁是中国传统文化中一个十分重要的意象。在古代诗文中，"雁"一词经常出现。例如，"鸿雁不堪愁里听，云山况是客中过。"（唐·李颀《送魏万之京》）、"雁引愁心去，山衔好月来。"（唐·李白《与夏十二登岳阳楼》）、"云中谁寄锦书来，雁字回时，月满西楼。"（宋·李清照《一剪梅·红藕香残玉簟秋》）

"雁"的寓意十分丰富：第一，鸿雁是候鸟，往返有期，因而人们把雁当作信使，"飞鸿传书""鸿雁传书"代表思念。唐代诗人王昌龄有诗曰："手携双鲤鱼，目送千里雁。"第二，大雁是候鸟，冬去春归，比较准时，人们视其为"诚信"的象征。第三，大雁雌雄相配后，一旦配偶死去，不会再找其他异性，从一而终，象征忠贞和白头偕老。第四，古诗文中的"孤雁""征雁"等经常指远离他乡、思念家乡和漂泊之人。

从上面列举的几个例子中可以看出，对于自然事物的审美，关键是发现各种事物身上的积极性，从而获得思想的启示、道德的熏陶和精神的滋养等。善于发现事物身上的积极性，不仅能够使人的心地更加善良和纯洁，而且可以鼓舞和激励人的精神等。

三、美的代名词

在自然界中，花儿的美是人们公认的。可以毫不夸张地讲，花儿是自然美的代名词。自然界中生长的花儿数以万计，有的美在形态，有的美在颜色，有的美在香气，有的形、色、香诸美并举。

图 3-1-7　梅花

在长期的审美实践中，人们根据不同花儿的形、色、香和生长习性等，为很多常见花卉赋予了象征义和寓意。因此，我们在以常见花卉为审美对象时，不仅要从其形、色、香等自然属性获得审美享受，而且要解读其文化内涵，借以丰富思想，开阔视野，全面提高认知水平。下面，我们以中国传统文化中的"十二月花令"为例来看一下。

（一）正月梅花

梅花（图 3-1-7）不畏严寒，雪中更具神采，是坚强的象征；它不与百花争春，躲过蜂飞蝶舞的春夏秋三季，在寒冬静静地开放，既是高尚和贞洁的象征，也是与世无争、不事张扬的象征。与此同时，梅花又有"五福花"之称，五个花瓣分别代表着快乐、幸福、健康、和顺与平安。此外，梅花还象征着不屈不挠、顽强奋斗、不畏艰难等高贵品质。

（二）二月杏花

杏花（图3-1-8）是一种可观赏性极强的结实之花。含苞时，既可欣赏其粉蕾红萼的鲜润，也可观赏那参差的萼片包裹花蕾的奇巧。初开时，花瓣鲜活，花朵富于神采，这时，如果旁边再点缀几个待放的花苞，就更有几份诗意。全开时，花瓣洁白如雪，花香四溢，嗅之赏心，观之悦目。

杏花不惧春寒，惜时而芳，花期短、结实快，既有勤奋精神，也有奉献之德。杏花性贞身洁，只与勤劳的蜜蜂相约，不与争宠的蝴蝶相会，有纯洁之德。杏花簇拥而生，相映互衬，有团结互助精神。

（三）三月桃花

桃花（图3-1-9）开于早春，为人间增添新气象，使人们感受到春天的勃勃生机。自古以来，人们就用"桃红柳绿"来描绘春天，所以桃花既是春天的象征，也是春天和美景的代名词。

图3-1-8　杏花

图3-1-9　桃花

除了象征春天和春色外，桃花还有四个文化意义：一是桃花开放时呈粉红色，犹如粉面佳人，象征美丽的女子。二是古代诗人常常把桃花与爱情连在一起，表达对美好爱情的向往，象征着甜蜜的爱情。三是桃花可以入药，其果实被视为延年益寿之物，因此桃花寓意健康和长寿。四是桃李花开的时节，正是充满希望的春天，所以人们用桃花比喻人才和希望。

（四）四月牡丹

牡丹花（图3-1-10）是我国的国花，在我国有着悠久的栽种历史。自唐代

看微课

牡丹花欣赏

大规模栽种以来，其品种不断增加，文化内涵不断丰富。首先，从花型和颜色来看，牡丹花给人以富丽堂皇的印象，所以有"花中之王"的美誉，人们将其视为富贵的象征。

其次，从牡丹花的生长习性看，牡丹花抗贫瘠，耐严寒，生命力顽强，逢春生机勃发，因此，牡丹花既象征着生机与活力，又寓意繁荣的景象和美好的前景——这是牡丹作为国花的主要文化意义。

（五）五月石榴花

石榴花（图3-1-11）开放时火红而鲜艳，象征生活红红火火，这是它的第一个文化意义。其次，石榴花鲜艳而美丽，在叶的衬托下又显得十分优雅，所以人们用其比喻美丽的女子。再次，石榴花簇拥而生，所以人们还将石榴花视作繁荣昌盛和兴旺发达的象征。

图3-1-10　牡丹花

图3-1-11　石榴花

（六）六月荷花

自然界的荷花（图3-1-12）给人的印象是"出淤泥而不染，濯清涟而不妖"（周敦颐《爱莲说》）。作为文化意象，荷花首先是纯洁、美丽和神圣的象征。其次，荷花出淤泥而不染，其别称"莲花"中的"莲"字又谐音"廉"，因此，荷花又是廉洁的象征。

（七）七月蜀葵

蜀葵（图3-1-13）的根系发达，生长十分旺盛。一般高度都在一到两米，有的甚至更高。蜀葵的茎上一般密匝匝地开满花，并且花型大，颜色十分艳丽。到了开花的季节，蜀葵一边生长一边开花，从下到上，次第开放，就像接力赛一样。正因为这样，人们将蜀葵视为追求梦想的象征。与此同时，人们认为蜀葵具有执着追求精神，象征着信念与追求。

图3-1-12 荷花

图3-1-13 蜀葵

（八）八月桂花

桂花（图3-1-14）花香浓郁，沁人心脾。每到桂花开放的时节，处处飘着花香，一派祥和之气。因此，人们将桂花视为吉祥与美好的象征。其次，桂花的"桂"字与"贵"谐音，加之金桂的颜色为金黄色，所以桂花还寓意富贵，象征高贵。由"高贵"这个寓意，又引申出了走向富贵、飞黄腾达的寓意。再次，桂花开放的时候正是金秋时节，所以桂花又象征着收获。

（九）九月菊花

菊花（图3-1-15）因为在秋季开放，气清神静，并且花期较长，经霜而不凋，给人的美好印象是高雅脱俗、清净无染。菊花总的象征意义是清净、高洁、长寿和吉祥。因颜色的不同，菊花的花语也各不相同。其中，常见的几种菊花象征意义分别是：黄菊象征着飞黄腾达，红菊象征着爱情，翠菊象征着忠诚，万寿菊象征着友情。特别要注意的是，白菊有哀悼之意，金盏菊代表着悲伤，这两种菊花不能在国画中出现。

看微课

菊花欣赏

图3-1-14 桂花

图3-1-15 菊花

（十）十月木芙蓉

首先，芙蓉花一茎多花，簇拥开放，和谐而美丽，象征着团圆美满。其次，

"蓉花"二字谐音"荣华",所以人们将芙蓉花视为富贵吉祥的象征。再次,木芙蓉(图3-1-16)开放在清冷的时节,有神清气静之美,所以人们将其视为纯洁、高雅的象征,用其比喻纯洁美丽的女子。

图3-1-16 木芙蓉

(十一)冬月茶花

山茶花(图3-1-17)于冬春之际开花,花型丰富,色彩艳丽,端庄秀雅;花期长,可观赏性强。山茶花既是中国十大名花之一,也是世界名花。

因为山茶花在冬季开放,不招蜂,不惹蝶,不与百花竞秀,既有谦让之德,又有高洁品质,历来被视为谦让、纯洁的象征。其次,山茶花在寒冷的冬季开放,霜染容颜,既有高洁的品质,又有孤傲的性格,是高洁、孤傲的象征。再次,山茶花是人们公认的吉祥花,是吉祥的象征。

图3-1-17 山茶花

(十二)腊月水仙

水仙花(图3-1-18)花瓣洁白,形态翩然,既像凌波仙子,又如谦谦君子,是纯洁和高雅的象征。水仙花的花瓣围绕圆形的花蕊,象征着团圆和美好。此外,在中国传统文化中,水仙花还象征着健康和吉祥。

图3-1-18 水仙花

四、竹木有情

在童话世界里,花木有情,虫鸟有义,一切都显得那么善良与美好。带着审美的眼光走进大自然,就如同走进了童话世界,不仅能够发现很多美好的东西,而且能够从虫鸟身上看到灵性,从花木身上感受到情义。下面,我们通过几个例子来看一下。

(一)龙角柏

柏树是一种生命力很强的乔木,在没有十分严重的自然灾害的情况下,树龄可达千年以上,高度可达到三四十米。一般情况下,柏树的树枝聚拢向上,树形端庄。然而,在陕北黄帝陵景区生长着的千年古柏,柏枝酷似龙角,十分神奇。

图3-1-19是陕北黄帝陵景区轩辕庙内的黄帝手植柏树冠的局部图。仔细观察这棵柏树上的树枝,不论是粗枝,还是细枝,形态都像龙的犄角一样,显得强劲有力。

（二）拐拐竹

图3-1-20是生长在陕西留坝县张良庙中的拐拐竹。拐拐竹也叫张良竹，是张良庙中特有的一种奇竹，也是中国奇竹之一。此竹春季出笋时，竹间会出现"先弯后直"的奇特景象。

同学们都知道，竹子以正直著称于世。不论是长在南方，还是生在北方，其干皆正直，其节皆坚劲，具有宁折不弯的品质。为什么长在张良庙中的竹子要弯腰屈膝呢？人们普遍认为是张良的美德与精神让竹子屈膝改节——竹子的屈膝，恰如张良当年给黄石公的屈膝纳履。走近拐拐竹，侧耳聆听，我们仿佛听到了竹子在对张良说"你屈膝敬老，我弯腰拜你"。

图3-1-19 黄帝手植柏树冠（局部）

（三）旱莲树

在陕西勉县武侯祠内有一株被誉为"植物熊猫"的旱莲树，这株旱莲树已有400多年树龄，是迄今世界上发现的唯一一株古旱莲。

旱莲（图3-1-21）属木兰科，每年三月上旬开花。因为旱莲树先开花后出叶，花开时满树鲜花，景象十分优美。花后开始长叶，到夏初枝繁叶茂，五月就长出来年的花蕾。此花蕾要在树上孕育十个多月，经历夏、秋、冬，来年绽放，俗称之"十月怀胎"。

图3-1-20 拐拐竹

不论是生长习性的原因，还是生命力的原因，世界上发现的唯一一株古旱莲树生长在武侯祠中，这不能不使人产生联想而将其与诸葛亮的伟大人格联系起来。《题旱莲》一诗这样写道："旱莲性孤树难栽，神州只此一株在。但得先生肝胆照，此地年年圣花开。"这首诗的大意是，旱莲这种树木生性孤傲，择地严格，很难栽

图3-1-21 旱莲花

种，神州大地上不仅只有这一棵存活，而且每年都开出圣洁的旱莲花——这是因为这株旱莲树被诸葛亮的赤胆忠心所感动，顽强地生长在这里，以圣洁的旱莲花来昭示诸葛亮的美德。

通过上面几个例子同学们可以看出，对于自然界中的一些奇特的事物或现象进行审美，可以将其与人的道德、精神等联系起来，这样不仅可以丰富思想、活跃思维，而且可以促使道德的完善和精神品质的提高。

虽然一些奇特的事物与现象更能引起我们的审美兴趣，但大量的普通事物才是我们关注的重点。因为只有善于从一个个普通的事物中发现美的内涵，才能有更大的审美收获。

在这里，我们要特别强调的是，以自然事物作为审美对象，首先要以事物的本来属性为基础，对事物进行自然美的认知。在此基础上，采用想象与联想的方法使审美活动走向深入，从而获得更大的审美收获。为了使同学们掌握深层次的审美方法，我们在这部分内容中有意加强了事物文化层面的审美引导和提示。

第二节　景象美

事物美是就各种事物的个体形象而言的，景象美是指事物的群像美。一种景象不论是由一组同类事物组成，还是由一组不同的事物构成，其基本特征都是以群像的形式出现的。相对于事物的个体形象之美而言，景象美的内涵更加丰富，给人的美感体验更为强烈。

从《诗经》中的"蒹葭苍苍，白露为霜"（《诗经·蒹葭》），到唐诗中的"明月松间照，清泉石上流"（王维《山居秋暝》），中国古典诗词中的景象描写随处可见。景象一般是通过给人以视觉美感而直接引起人的情感反映，也有一部分是通过触发人的想象，使人的思想有所触动，从而激励和鼓舞人的精神。

一、美感景象

看微课

美感景象

美感景象是指具有充分的视觉美，能够直接引起人的审美感受的景象。美感景象一般为单纯的自然景色，使人一看就觉得很美，但很少有能够直接触发人的想象的特征或暗示性。

美感景象是各类景象中数量最多的自然景象。例如，春天桃花盛开的景象、夏天荷花盛开的景象、秋天果实累累的景象（图3-2-1）、冬天寒梅傲雪的景象，这些都是美感景象。

美感景象不论是由一组相同的事物组成，还是由一组不同的事物组成，其美感都要比任何一个组成元素原有的美感强烈。这是因为组成景象的事物美感互相叠加，其视觉冲击力比单个事物形象要强烈得多。秋天的白杨构成的景象之美（图3-2-2）并不在于白杨树本身的形象，而是一组白杨共同表现出的金秋景色。

图3-2-1　果实累累

美感景象能够直接唤起人的美感体验，使人获得充分的审美享受，但也会使人的思想停留在审美的层面。也就是说，美感景象除了具备美的特征外，一般很少有思维的启示性，不能将人的思维活动引向深入。

二、精神景象

在自然界中，有一些景象使人一看就能将其与人的精神联系起来，这类景象我们称之为精神景象。例如，不论是石缝间生长的竹子，还是石上生长的小草（图3-2-3），都表现出了生命的力量。这样的景象能够使人联想到坚毅、顽强和努力拼搏等人格力量，具有精神美的内涵。又如，寒梅傲雪的景象之美（图3-2-4）虽然直接表现为梅花的艳丽，但其大美却在于梅花傲雪斗寒的精神。

图3-2-2　秋天的白杨

图3-2-3　生命的力量

图3-2-4　寒梅傲雪

精神景象是一种以物观人的景象，虽然很多精神景象都有自然美的属性，但是这种景象的美主要还在于它所表现出来的人格精神之美。欣赏这类景象，也要以其所表现的精神美为关注点。

三、情感景象

情感景象是指那些具有一定的感情特征，能够使人联想到亲情、友情或者爱情的景象。情感景象之美主要在于它所表现出的感情美。通过情感景象，人们不仅能够获得积极的情感体验，而且在一定程度上能够受到灵魂的洗礼。鸟儿哺育小鸟的景象（图3-2-5），会使人们联想到父母的养育之情，重温亲情的美好。羊羔跪乳的景象（图3-2-6）让人们联想到母亲的哺育之恩，从而使人们的感恩之情更为浓厚，报恩之心更为迫切。

图3-2-5　鸟儿哺育小鸟

图3-2-6　羊羔跪乳

第三节　情境美

情境美实际上就是环境美。不论是事物的形象美，还是景象美，人们都只能置身物外去欣赏，只有情境美可以使人置身其中去体验。因此，情境美给人的美感享受是充分的，使人获得的美感体验是直接而强烈的。唐代张继的《枫桥夜泊》不仅描绘了富有诗情画意的视觉情境，而且描写了美妙的听觉情境。从视觉方面来看，月亮落下时分，江上的渔火显得格外明亮，在渔火的映照中，因思念亲人而彻夜难眠的游子形象显得十分清晰；从听觉方面来看，夜半的钟声，不仅打破了夜的宁静，而且打乱了游子的思绪。正是因为视听觉情景交融，使这首诗成为备受人们推崇之作，诗中的枫桥、寒山寺等景物也因此闻名于世。

根据情境能够使人获得的主要美感体验来划分，自然情境大致可以分为视觉情境、听觉情境、触觉情境和心理情境四种基本类型。

一、视觉情境

视听觉情境

视觉情境是自然情境中数量最多、内涵最丰富的一类情境。所谓视觉情境，是指具有充分的视觉美感，能够通过悦人眼目唤起人的情感体验，使人获得审美享受的情境。

不论是春夏秋冬，还是江南塞北，每一种时空下都存在着各种各样的视觉情境，这些视觉情境可以悦人眼目、舒人心境，进而催生人对美好生活的向往之情。例如，春天满目新绿、一派生机的情境，秋夜皓月当空、万物静肃的情境；

江南湖水清幽、绿树倒映的情境，塞北天空高远、白云悠悠的情境。

视觉情境之美有的表现为旷远的空间感，有的表现为视觉的清新感，有的表现为鲜明的色彩美，有的表现为景物的丰富性和层次感等。

二、听觉情境

自然界中存在着各种美妙的声音，人们称之为天籁。天籁之音常以其自然、纯净和清雅等美的特质，给人以美的听觉享受。在自然界的各种情境中，以天籁之音为主要审美元素的情境，称之为听觉情境。

在听觉情境中，人们闭上眼睛，仔细聆听，常常在不知不觉中进入一种美妙的境界，获得充分的美感享受。例如，在春天的晴日里，清晨，躺在床上，沐浴着从窗户透射进来的暖阳，聆听窗外清脆的鸟叫声，享受一份快意；在春天的细雨中，午后，坐在屋檐下听春雨沙沙的声音，享受一份宁静。

不论是春夏秋冬，还是晴雨风雪，每一个季节里、每一种气候下都有美妙的听觉情境。夏天的晴日，坐在浓荫下，听蝉声和鸣；夏天的夜晚，坐在月光下听蛙声交响，或是躺在海边小屋里，聆听潮声的混响。秋日的黄昏，坐在树下，聆听叶落的声音；秋天的夜晚，沐浴在月光之下，听虫儿啾啾。冬日的清晨，打开窗户，聆听雪落的声音；冬天的午后，沐浴着暖暖的阳光，听屋檐下冰雪消融的滴水声。总之，自然界中的听觉情境是十分丰富的，只要具有善听的耳朵，就能从各种天籁中获得充分的美感体验和享受。

三、触觉情境

杜甫的《月夜》中有"香雾云鬟湿，清辉玉臂寒"两句诗，描写了秋天的夜晚，家中的妻子因挂念在外漂泊的丈夫而夜不能眠，坐在窗前望月思念，夜间的雾气已经浸湿了头发，清冷的月光下双臂感到寒凉。唐代李绅的《悯农二首·其二》中有"锄禾日当午，汗滴禾下土"两句诗，描写了农夫在炎热的夏季冒着酷暑辛勤劳作的情景。不论是杜甫诗中"凉"的感觉，还是李绅诗中"热"的感觉，都是触觉感受到的，因此，这两首诗所描绘的情境实际上是一种触觉情境。

所谓触觉情境，是指必须依赖于触觉才能获得美感体验和享受的自然情境。在自然界中，很多情境之美是要依赖于触觉感受和体验的。例如，春天清晨时田野中的清爽，夏日的正午时分浓荫下的凉意，冬日的屋前阳光下的温暖等，这些美都是必须借助触觉来感受和体验的，其存在的情境就是触觉情境。

四、心理情境

人们常讲："境由心造。"在很多情境下，人的美感体验与享受实际上是一种心理感受。例如，人们喜欢坐在高处，喜欢坐在河边、湖边，喜欢站在窗前，喜欢沐浴在风中等,这些实际都是一种心理倾向。

所谓心理情境,是指那些人们凭借以往经验主观上认为美的情境。在心理情境中,人们获得的美感体验与享受主要源自心理感受。例如,有的人喜欢不打伞走在细雨中,即使被淋得像落汤鸡一般心里仍十分畅快;有的人冬天也喜欢在河边散步,即使被冻得哆嗦也感觉快意。

以上几种分类是相对的,实际上,自然界的各种情境常常不是单一的。例如,在秋日的黄昏,坐在树下听落叶触地的声音,常常伴有黄叶匝地的视觉美感,以及触觉上的清爽感和心理上的舒适感;夏夜中,坐在荷塘边听蛙声的交响,常常伴有视觉上的月夜美景,以及凉风送来的清爽等。总之,自然情境给人的美感享受一般不是单一的,能够使人获得的美感体验常常是丰富多样的。

第四节 意象美

电视连续剧《西游记》中有一首插曲《女儿情》,其中"鸳鸯双栖蝶双飞,满园春色惹人醉……"唱词中的"鸳鸯""蝴蝶"在人们的心目中都是美好的事物,它们不仅有美丽的外表,而且有着很美的人文内涵。具体地讲,鸳鸯和蝴蝶在这里都是文化意象,是美好爱情的象征。

所谓意象,是指被赋予了特定的人文内涵的客观物象。说得简单一些,意象就是具有寓意或象征意义的事物形象。意象是自然美与思想美结合的产物,它们一般以自然美的形象出现,寄托人们的情感和精神,表达一定的思想。

因为崇尚自然是中国文化的基本理念,在这一思想的影响下,中国人向来对自然情有独钟,并且善于将自然物和人联系起来,以物寓人,由物的情态和精神等关照人格。因此,在中国文化中,以自然事物形象为基础的意象十分丰富。

一、日月山水

唐代女皇武则天原名武照,在其67岁(690年)称帝时,更名为武曌。这个"曌"是一个会意字,表示日月同辉,当空普照,既明亮,又温暖。作为自然事物,太阳的温暖是人们一致认同的,月亮的明亮也是人们熟知的。那么,作为意象,日月的寓意和象征意义又有哪些呢?

作为一种意象,太阳首先象征着光明和温暖,象征着磊落和无私等。在此基础上,根据其在一日中的空间位置、情状等,人们又赋予了它不同的寓意和象征意义。例如,朝阳(图3-4-1)象征着希望,"如日中天"象征着辉煌,夕阳象征着成熟的人生和美好的晚年生活等。正是因为朝阳象征着希望，预示着光明的未来，因而人们对朝阳情有所钟。为了看日出，有人在泰山顶上露宿，有人在大海边守望，因为朝阳冉冉升起不仅是一种景象，而且是一种象征，其中寄寓着人们对未来的美好希望。

图3-4-1 朝阳

在中国古典诗文中，月亮是一种十分常见的意象。在张九龄的"海上生明月，天涯共此时"（《望月怀远》）和苏轼的"明月几时有，把酒问青天"（《水调歌头·中秋》）中，月亮是思念的象征。这是月亮最常见的一个象征意义，这一象征意义在古代诗文中的应用举不胜举。例如，李白的"床前明月光，疑是地上霜；举头望明月，低头思故乡"（《静夜思》），张若虚的"人生代代无穷已，江月年年望相似"（《春江花月夜》），李商隐的"兔寒蟾冷桂花白，此夜姮娥应断肠"（《月夕》）。除了代表着思念外，月亮这一意象还象征着美好、吉祥和圆满等。

在中国文化中，山和水是两个十分常见的意象。山的象征意义十分丰富。首先，山象征着永恒和厚重，我们平时讲的"父爱如山"就是取其"厚重"之意。其次，山象征着依靠，"留得青山在，不怕没柴烧"取的就是此意。再次，山象征着威严、崇高、博大等，"仰山知峻，临水怀清"就是取其"崇高"之意。此外，山还象征着追求、奋发向上、坚忍不拔等。正是因为山有着丰富的文化内涵，能够给人以思想的启示和精神的感召，所以中国人有崇山、敬山的传统。

自从老子提出"上善若水"，全方位地论述了水的美德之后，水作为文化意象的寓意和象征意义便不断丰富。首先，水是纯洁的象征。其次，水象征着礼让精神，象征着平和，象征着清静。再次，与水相关的雨、雪、冰等也各有其美的象征意义。

二、珍禽灵兽

在中国古代雕塑和花鸟画作品中，有大量的珍禽灵兽形象。这些形象进入作品后虽然依然呈现出完好的自然形象，但已经被创作者赋予了特定的思想内涵，成了文化意象。在中国传统文化中，作为意象的珍禽灵兽数量很多，这里仅举几例。

1. 虎

在中国传统文化中，虎不仅是正直、正义的化身，也是权力和力量的象征，还是一种祥瑞之兽，能消灾、避邪和维护安宁。虎是一种极具阳刚之气的动物，它具备勇敢与威严，能够驱除一切邪恶，绘画虎（图3-4-2）经常被挂在对着大门的墙上来阻挡邪恶、维护安宁。在民间传说中，儿童戴虎头帽、穿虎头鞋可以驱邪，人睡虎头枕可以使身体更加强壮。

2. 马

马是中国传统文化中一个十分常见的意象，不仅历代诗文中有大量关于马的文字，而且历代雕塑（图3-4-3）和绘画作品中也有许多以马为题材的佳作。例如，驰名中外的唐代石刻《昭陵六骏》，现代画家徐悲鸿先生以画马而名留史册。

在中国传统文化中，马是奋勇直前、自强不息的象征，是成功的象征，也是忠诚、勤奋和智慧的象征。中国文化中所强调的龙马精神主要是指自强不息的精神。

3. 鸡

在中国传统文化中，鸡是具有丰富文化内涵的一个意象。首先，鸡是吉祥、吉利的象征，是勤劳、勇敢的象征。其次，鸡具有镇邪避妖的作用。在中国画中，经常可以看到把鸡和竹画在一起的花鸟画（图3-4-4），其中，"鸡"取吉祥之意，"竹"取平安之意，绘画的主题为吉祥平安。

4. 鱼

从远古时代开始，先民们就对鱼这种动物

看微课

龙马精神

图3-4-2　国画《虎》

图3-4-3　唐代白陶舞马

情有所钟。在距今6 000年左右的仰韶文化遗址中，出土了大量的人面鱼纹彩陶盆。在商周时期的玉雕作品中，玉鱼雕刻也有很多（图3-4-5）。

在中国传统文化的理念中，鱼不仅象征着财富、富裕和吉祥，预示着连年有余、大好机遇，而且象征着自由和亲善等。

5. 鹿

在中国传统文化中，鹿被视为一种吉祥物。人们认为，鹿不仅能给人们带来吉祥和幸福，而且能保佑人健康长寿。因此，中国历代绘画、雕塑等作品中常见鹿的形象。从汉字的角度来看，"鹿"与"禄"谐音，寓意吉祥、富足、长寿和事业有成等。

三、花草树木

花草树木是自然事物中距离人们生活最近、人们从中获得审美体验最多的一类事物。在长期的自然审美活动中，人们对一些花草和树木的本质属性有了深刻的认识，将其与人的品格联系起来，为它们赋予了人的道德精神，使其成为文化意象。在中国传统文化中，以花草树木作为形象基础的文化意象特别多，仅举几例简介如下。

1. 兰花

兰花（图3-4-6），也叫兰草，本来是一种草，但却以花开香远、花姿清雅而著称。兰的叶和花都清新淡雅、不事张扬，其形态、颜色、气韵和精神都给人以清雅之美，所以有"气清、色清、神清、韵清"的四清君子美誉。兰花象征着淡泊名利、行为高雅的君子形象。孔子说："芝兰生于深林，不以无人而不芳。君子修道立德，不为穷困而改节。"（《孔子家语·在厄》）此外，因品种的不同，兰还有美好、纯真和高洁等象征意义。例如，"兰章"比喻诗文之美，"兰交"比喻友谊的纯真。

2. 竹子

在中国文化中，竹子是一个文化内涵十分丰富的意象。一方面，它是人的气节和精神的象征，竹子象征着坚强不屈、奋发向上的精神等。郑板桥所画的竹子之所以备受人们的推崇，正是其借助于竹的形象突出地表现了人的气节和精神。另一方面，竹子象征着平安。齐白石画中的竹子象征平安，山鸡象征吉祥，画作

图3-4-4　国画《吉祥平安》

图3-4-5　商代玉鱼

要表现的主题是吉祥平安（图3-4-7）。

3. 葫芦

作为一种意象，葫芦是"福禄"的象征。在中国画中，画两个葫芦，寓意"福禄双至"，画五个葫芦，寓意"五福临门"。如图3-4-8所示，两个葫芦寓意"福禄双至"，藤蔓劲健有力，寓意生命强健。该图的题画诗为："葫芦携福禄，双至兆吉祥。瓠佑人安康，蔓带福运长。"

图3-4-6　国画《兰石图》

图3-4-7　齐白石国画

图3-4-8　国画《福禄图》

总之，各种文化意象虽然具有艺术美、思想美和精神美等各种人文内涵，但其形成的基础是人们常见的自然事物，因此，我们将意象美列入自然美中。

第四章 生活美

相对于自然美而言，生活美不仅体现了人们的创造智慧，而且融入了人的审美思想，给人的审美体验常常更为直接和强烈，更容易激发人的生活热情、鼓舞人的精神和坚定人的信念。

生活美首先表现在人们的日常生活中，其次表现在人们的人际交往等社会活动中。具体地讲，生活美以服饰美、器用美、饮食美和建筑居室美为主要内容，以人际人情美、运动美等为重要组成部分，使人们感受着生活的美好，给人以强有力的精神支撑和激励。

第一节　服饰美

在我国的上古传说中，黄帝的元妃嫘祖首创种桑养蚕之法，用蚕丝织出了美丽的衣裳。在当时，嫘祖用蚕丝制衣已经不再是出于御寒的需要，而是为了美化生活。因为我国考古发现的大量实物证据证明：中国纺麻织布技术的源头在距今8 000年之前，比嫘祖养蚕制衣要早3 000多年。

《圣经》中也有一段文字，说的是亚当和夏娃偷吃了分别善恶的树上的果子之后，一下子就有羞耻心了。当他们看见彼此都光着身子时，感到很害羞，于是便用无花果的叶子给自己做了衣服。

一、服饰美的基本表现

看微课

服饰美

衣服存在的价值不仅是遮风御寒。不论是嫘祖养蚕制衣，还是亚当、夏娃用无花果的叶子做衣裳，其目的都是"遮丑"和"显美"。这就是说，衣服的一个重要作用是化丑为美、化俗为雅。

因为人体本身不是艺术，其中某些部位暴露在光天化日之下会被人们认为是不合适的。这一点，东西方的观念是一致的。即使是思想相对开放的艺术家们，在创作艺术作品时一般也会考虑到"遮丑"的问题。维纳斯雕像（图4-1-1）如果没了下半身衣服的遮挡，其美感就会大打折扣，这就是衣服化丑为美的作用。而在西方的个别写实性雕塑作品中，因为遮挡会影响形象的完整性和精神表现，所以有时身体也会被写实性地表现出来（图4-1-2），这是艺术创作中的一种完而不美的现象，要辩证地看待。

服饰美的另一个重要表现是各种与衣服搭配、或者独立使用的装饰品可以美化人，使人显得更漂亮或更帅气。例如，女孩子手腕上的玉镯、脖子上的项链、头上的头

图4-1-1　维纳斯雕像

图4-1-2　掷铁饼者

花，男孩子胸前的徽章等，都具有美化人的作用。图4-1-3是北宋的泥塑观音坐像（现藏于浙江省博物馆），这尊像上的璎珞等装饰品不仅丰富，而且十分华美。

二、中国古代服装管窥

近年来出土的大量实物证据证明：我国织布制衣的历史已有8 000多年。其中，现在能够看到的真实的文字记载始于西周时期。在《诗经》中，有多处关于织布制衣的记载。例如，《诗经·卫风·氓》："氓之蚩蚩，抱布贸丝。"《诗经·卫风·硕人》："硕人其颀，衣锦褧衣。"

图4-1-3　北宋彩塑泥观音坐像

由于时间久远，今天已经很难看到古代服装真正的风采，但大量的出土文物能够使我们对古代服装之美有一个大致的了解。出土于汉阳陵（汉景帝刘启之墓）陪葬坑的一件西汉时期的塑衣式彩绘跽坐侍女俑（图4-1-4），其着装简洁大方。出土于长沙马王堆汉墓的一件西汉时期的朱红菱纹罗曲裾式丝绵袍（图4-1-5），衣物的款式与西汉塑衣式彩绘跽坐侍女俑所着衣服的款式大体相同。

图4-1-4　西汉塑衣式彩绘跽坐侍女俑　　图4-1-5　西汉朱红菱纹罗曲裾式丝绵袍

唐代审美思想的多元化在服装上面的具体表现是款式多样、风格各异。出土于唐昭陵郑仁泰墓的一件扇形髻红裙女立俑（图4-1-6），着装简约大方，但不失华美。唐代郑仁泰墓出土的披大衣男立俑（图4-1-7），所着大衣款式至今还在沿用。

第一节　服饰美

绘画也是研究古代服装的一类重要资料。从历代的绘画作品中不仅可以看到各个时代流行的服装款式，而且可以真切地看到人们着装的颜色搭配等。从唐代阎立本的《步辇图》（图4-1-8）中可以看到，侍女们统一着齐胸拖地长裙，上身配长袖衫，既简洁大方，又清雅秀美。出土于唐昭陵的一幅壁画（图4-1-9），画中女子的着装与《步辇图》中侍女的着装款式极其相似。

宋代的彩塑艺术相对繁荣，产生了一批优秀的作品，从这些作品中可以看出宋代的服装之美。宋代的晋祠彩塑仕女像（图4-1-10）着装宽松舒展，带饰华美。

宋代及其以后，由于绘画艺术成熟并相对繁荣，可资借鉴的绘画类服装资料也更加丰富，可以从中窥见宋、元、明、清各个时代服装美的基本情况。明代唐寅的一幅人物画中（图4-1-11），女子着装既庄重大方，又雍容华美，带饰长垂，再添几分典雅。清代陈宇《仕女图》（图4-1-12）中的侍女不论是着对襟风衣，还是穿拖地长裙，都显得端庄秀美。在以上示例中，服装的美化作用是不可小视的。

图4-1-6　唐代扇形髻红裙女立俑　　图4-1-7　唐代披大衣男立俑

图4-1-8　唐代阎立本《步辇图》

图 4-1-9　唐代昭陵壁画（局部）

图 4-1-10　宋代晋祠彩塑仕女像

图 4-1-11　明代唐寅人物画

图 4-1-12　清代陈宇《仕女图》

三、中国古代饰品概览

中华先民的审美意识觉醒于距今 8 000 年以前。伴随着人们审美意识的觉醒,各种装饰品也相继产生。近几十年来,我国考古发现和出土的各种装饰品数量很多,品类十分丰富,下面仅举几例进行介绍。

出土于内蒙古兴隆洼文化遗址的新石器时代的玉玦(图 4–1–13),制作年代大约距今 8 200 年。玦是我国最古老的玉制装饰品,为环形形状,有一缺口,主要被用作耳饰和佩饰,这种装饰品在我国很多新石器时代的文化遗址中都有出土。1958 年出土于江苏南京北阴阳营遗址的两块玉玦(图 4–1–14),其制作年代距今大约 6 000 年。

图 4–1–13　兴隆洼文化遗址玉玦　　　图 4–1–14　北阴阳营遗址玉玦

图 4–1–15 所示的物品是商代的金珥形饰。珥是中国古代珠玉类耳饰的总称。这两件饰品在制作时金玉结合,是中国古代装饰品由竹骨、牙贝和玉石器时代正式步入玉石和金银器时代的重要标志。此后,中国古代的金银饰品逐渐多了起来。

图 4–1–15　商代金珥形饰

西周时期社会祥和,人们的生活热情高涨,加之琢玉手工艺技术的成熟,各种玉石串饰大量产生。从此以后,中国古代的装饰品业一直处于繁荣发展的状态。图 4–1–16 所示物品是春秋时期的一件玛瑙玉串饰。此串饰由玛瑙和玉搭配而成,雕琢工艺比较精细。

图 4–1–17 所示物品是明代的凤凰金饰。此件饰品充分利用了金的延展性,整体采用凤凰造型,局部做成各种花叶形状,戴在头上既使人显贵,又十分华美。清代的金镶珠翠耳坠(图 4–1–18),翠玉镶金,与珍珠组合,既艳丽,又华美。

图4-1-16　春秋时期玛瑙玉串饰

图4-1-17　明代凤凰金饰

图4-1-18　清代金镶珠翠耳坠

第二节　器物美

在日常生活中，人们天天都要与各种器物打交道，器物之美不仅使人赏心悦目，而且能使人感到生活的惬意，从而唤起人的生活热情。器物之美一般表现在造型美、装饰美和质地美三个方面。

一、陶器

中国人盘泥烧器的历史十分悠久。早在距今1万年以前，今江西万年境内的仙人洞人就用陶土烧出了陶器（图4-2-1），用来改善生活条件、美化生活。到了距今约8 000年的时候，中华大地从南到北，制陶技术迅速发展，各种陶制器物大量产生。与此同时，玉石器物也开始出现。大量的生活器物被制造出来之后，人们的生活条件得到改善，生活更加方便，惬意度也随之增加，于是人们更加感到生活的美好。

近年来，我国考古工作者在甘肃的大地湾文化遗址、河南的贾湖文化遗址、内蒙古的兴隆洼文化遗址、山东的后李文化遗址和浙江的跨湖桥文化遗址等多个新石器时代遗址中都发现并出土了8 000年前的陶器。到了距今大约7 000年的时候，各种彩陶大量出现。制作者在陶器上绘画各种纹饰，目的是美化器物，让人们在使用器物时能够获得一定的审美享受。

图4-2-2是仰韶文化前期的一件游鱼纹彩陶瓶（现藏于甘肃省博物馆），其制作年代距今6 000~7 000年。此件器物在制作时以游鱼纹装饰，不仅增加了视觉美感，而且有一定的思想寓意，寄托了人们美好的生活愿望。图4-2-3是马家

看微课

陶器

窑文化的一件内彩变体人面纹彩陶盆，其制作年代距今大约4 700~5 000年，这件器物的纹饰更加华美。

图4-2-1 万年陶罐

图4-2-2 游鱼纹彩陶瓶

图4-2-3 马家窑内彩变体人面纹彩陶盆

比图案装饰更具观赏性的是人们将很多器物做成了动物或果实的造型。如图4-2-4所示物品是仰韶文化前期的一件葫芦瓶，其制作年代距今7 000~6 000年，这件器物做成葫芦果实的形状，在不影响实用性的情况下，使器物具有了观赏性。大汶口文化的猪形陶鬶（图4-2-5），其制作年代距今6 200~4 500年。这件器物做成猪的形状，不仅使器物有了观赏性，而且寄寓了人们美好的生活愿望。

随着制陶技术的不断进步，陶器的质地趋于细腻，制作也更精良。在这种情况下，即使不加彩饰，不对其造型进行艺术化的处理，器物也能给人以美感。龙山文化时期的两件薄胎黑陶高柄杯（图4-2-6），其制作年代距今4 500~4 000年，这两件器物胎质十分细腻，器壁薄如蛋壳，仔细观赏，它们能够给人一定的视觉与心理美感。

图4-2-4 仰韶文化前期葫芦瓶

图4-2-5 猪形陶鬶

图4-2-6 薄胎黑陶高柄杯

二、青铜器

夏商时代，青铜器出现后，很快吸收了陶器制作造型的经验，很多器物做成了动物的造型。因为青铜材质溶化后的可塑性更强，加之其坚柔性、表面的光洁度等都比较好，所以，青铜器物做成各种动物造型后，不仅整体上更美观，而且细节表现更完美、审美性更强。图4-2-7是西周的一件青铜器牛尊（现藏于陕西历史博物馆），这件器物做成牛的造型实用性和观赏性并举，寄寓着人们渴望风调雨顺、六畜兴旺等美好愿望——早在尧舜时期，中国农业就进入了牛耕时代（舜就是在历山下吆牛耕田时被尧发现和启用的），牛是人们幸福生活的希望。图4-2-8是商代的妇好青铜鸮尊。此器以鸮为主体造型，纹饰丰富多样、主次分明、层次清楚，具有很强的观赏性。

图4-2-7 商代牛尊　　　　　　图4-2-8 商代妇好鸮尊

西周及春秋战国时期是青铜器制造的全盛时代，这段时期铸造的青铜器不仅数量巨大，而且精品众多。尤其是很多青铜生活器物高度艺术化，在满足人们基本生活需要的同时给人以美的享受。西周时期的鸟尊（图4-2-9），主体为禽鸟造型，禽体丰满，两翼上卷；鸟背依形设盖，盖钮做成小鸟造型；双腿粗壮，爪尖略蜷，凤尾下设一象首，与双腿形成稳定的三点支撑。鸟尊造型写实生动、构思巧妙、纹饰华美，是一件罕见的艺术珍品。西周时期的猪尊（图4-2-10），主体造型为一头小猪，小猪双耳斜耸，小尾上卷，一副机警的神态。因为中国家猪的养

图4-2-9 西周鸟尊　　　　　　图4-2-10 西周猪尊

殖始于距今大约7 000年的河姆渡时代和仰韶文化早期，猪在人们的心目中是财富和美好生活的象征。所以，此器做成小猪的造型实际上寄托着人们对美好生活的渴望。

春秋时期的子仲姜盘（图4-2-11）是一件用于盥洗的青铜器。此盘形体较大，整器风格朴实，制作精美。盘壁的两侧有一对宽厚的副耳，前后各攀一条曲角形的龙，龙首耸出盘沿，成探视状；盘底铸有鱼、水鸟和青蛙等动物，盘底边沿一周为七条鱼在追逐，盘底中心是一只头冠直竖的雄性水鸟，四条鱼绕鸟嬉戏游动，游鱼的外圈是四只雌性水鸟。此器最精彩的地方在于，盘底所有的动物都可以在原地做360度的转动。

战国时期的错金银鸟兽形盉（图4-2-12），采用浪漫主义的创作手法制作，造型独特、生动，纹饰华美，既有直观的视觉美感，又能将人带进想象与联想之中。

图4-2-11　春秋时期子仲姜盘

图4-2-12　战国时期错金银鸟兽形盉

汉代是一个中国文化大发展的时代。这一时期不仅艺术思想渐趋成熟，浪漫主义与现实主义两大创作手法得到普遍应用；而且艺术开始走进生活，大量的生活器物以艺术品的形式面世。

西汉时期的五凤熏炉（图4-2-13）主体为凤凰形象。大凤双爪抓地，昂首引颈，口中衔珠，振翅挺胸；胸前与双翅上均有阴刻羽状纹饰，尾翅镂空；胸前、双翅和尾部共饰四只雏凤。该器物构思新颖，造型奇特，集实用性和观赏性于一体。西汉时期的朱雀灯（图4-2-14）主体为朱雀形象。朱雀昂首翘尾，脚踏蟠龙，口衔灯盘，做展翅欲飞状，形象十分生动。

图4-2-13　西汉五凤熏炉

图4-2-14　西汉朱雀灯

三、玉石器

中国琢玉的历史悠久,玉石器物质文化遗产相当丰富。汉唐以后,各种玉石生活器物大量出现,将人们的生活装点得更加美好。唐代镶金兽首玛瑙杯(图4-2-15)由红、棕、白三色相杂的玛瑙雕成,颜色层次分明。器物一端雕成杯口,另一端雕成兽首。兽首圆瞪着双眼目视前方,两个长角粗壮有力。兽嘴部有流口,流口外部有金盖,金盖后面有金插管堵住流口,使杯中液体不会流出。此杯设计别具匠心,制作工艺精细。

唐代的白玉忍冬纹八曲长杯(图4-2-16)用和田白玉雕凿而成,玉质洁白温润。杯为八曲椭圆形,口沿随其八曲成莲花形,杯身亦呈八曲,且有雕饰成组的蔓草纹饰,制作精细,素洁清雅。

图4-2-15　唐代镶金兽首玛瑙杯

图4-2-16　唐代白玉忍冬纹八曲长杯

明代的青玉莲花纹杯(图4-2-17)用青玉雕成椭圆形杯体,外壁雕饰莲花纹,杯柄从主体部分伸出,直托杯底,既美观,又实用。清代的青玉桃形洗(图4-2-18)主体部分雕成桃子形状,周边雕饰以"枝叶",给人以丰富的视觉美感。

图4-2-17　明代青玉莲花纹杯

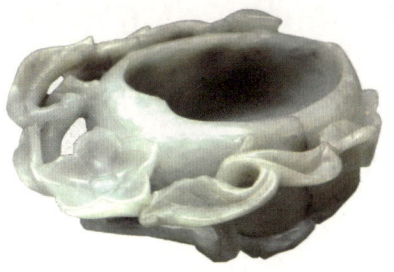

图4-2-18　清代青玉桃形洗

四、瓷器

日常生活中接触最多的一类器物是瓷器。瓷器分为两大类:一类是素瓷,一类是彩瓷。总的来看,瓷器之美主要表现在三个方面:一是釉色美,二是造型美,三是塑饰与图案美。

素瓷是指没有上釉的自然瓷质的瓷器,以及虽然上釉,但釉上釉下都不加任何色彩，也不绘制有色图案花纹的瓷器。从商代产生瓷器以后，一直到明代，在长达几千年的时间里，素瓷一直是瓷器的主流。即使到今天，在彩瓷十分繁荣的情况下，素瓷也备受人们的喜爱。素瓷之美，主要表现在两个方面：一是釉色之美，二是造型和塑饰之美。

下面两张图分别是唐代的白瓷海棠杯（图4-2-19）和宋代的青白釉莲花形温酒壶（图4-2-20），这两件瓷器釉色洁白，干净清爽，观之令人赏心悦目。

图4-2-19　唐代白瓷海棠杯　　　　图4-2-20　宋代青白釉莲花形温酒壶

明代德化窑的白釉爵杯（图4-2-21），釉色洁白温润，干净明亮，给人以清爽的视觉美感。清代的黄釉碗托（图4-2-22），釉色纯净温润，给人以恬静平和的印象。

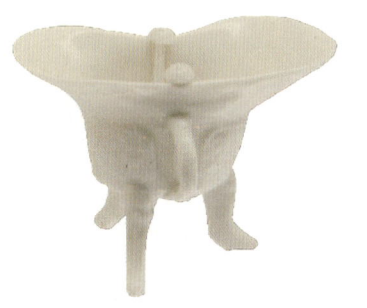 

图4-2-21　明代德化窑白釉爵杯　　　图4-2-22　清代黄釉碗托

在釉上剔刻花纹图案的素瓷，一般以釉色为背景，以胎质原有的自然色为图案颜色，显得自然质朴、清素淡雅。南宋剔花折枝梅纹梅瓶（图4-2-23）就是将器物上的黑釉剔掉，借助于原胎色表现图案。

从造型的角度看，素瓷的造型美主要表现在两个方面：一是整个生活器物的艺术化，即将整个器物做成了一定的艺术造型；二是对生活器物的局部进行塑饰美化。清代的梅鹤鹿纹葫芦瓶（图4-2-24）整体做成了葫芦造型，局部又进行塑饰美化。

图4-2-23　南宋剔花折枝梅纹梅瓶　　图4-2-24　清代梅鹤鹿纹葫芦瓶

彩瓷是与素瓷相对而言，具体指加有彩绘的瓷器。其主要品种有青花、釉里红、釉下五彩、斗彩、五彩、粉彩等。不同种类的彩瓷，视觉美感有所差异。

1. 青花

青花瓷是白底蓝花瓷器的专称。典型的青花瓷器是用钴料在素坯上描绘纹饰，然后施透明釉，在高温中一次烧成。因蓝花在釉下，故属釉下彩。青花瓷的特点是明快、清新、雅致、大方，装饰性强，永不掉色，如清代青花花草纹碗（图4-2-25）。

2. 釉里红

釉里红，又名"釉下红"。它是以氧化铜做着色剂，在胎上绘画纹饰后，罩施透明釉，然后在高温下烧制。因红色花纹在釉下，故称釉里红瓷。釉里红彩可单独装饰，也可与青花料结合使用——结合使用的叫青花釉里红。釉里红彩的特点是稳重、敦厚、艳丽、朴实，烧成后的颜色沉着、热情，因而深受人们喜爱，如清代青花釉里红折枝瓜果纹瓶（图4-2-26）。

3. 斗彩

斗彩是一种以釉下青花、釉里红和釉上彩多种色彩结合而成的品种。斗彩创烧于明宣德年间，是釉下彩（青花）与釉上彩相结合的一种新品种。斗彩的特点是对比鲜明，既素雅，又富丽。这种彩饰具有丰富的表现力和较强的审美性，如清代斗彩云龙碗（图4-2-27）。

4. 粉彩

粉彩也叫"软彩"，是釉上彩的一个品种。所谓釉上彩，就是在烧好的素器釉面上进行彩绘，再入烤花炉经600 ℃～800 ℃的温度烘烤而成。因为粉彩是以白底为基础，在白底上着玻璃白，然后再彩绘让其自然粉化。因而，粉彩具有清新、淡雅、秀丽的特点，如清代粉彩过枝桃蝠纹盘（图4-2-28）。凡绘画中所能表现的一切，无论工笔或写意，用粉彩几乎都能表现。

图4-2-25　清代青花花草纹碗　　图4-2-26　清代青花釉里红折枝瓜果纹瓶　　图4-2-27　清代斗彩云龙碗

5. 五彩

五彩是瓷器釉上彩的一种。五彩是指在瓷器釉面上分布多种颜色。而五彩瓷并不一定指瓷器釉面上只有五种颜色，多于或少于五种彩的陶瓷，在习惯上也同样称之为五彩瓷。五彩瓷所描绘的对象甚多，常见的有人物、山水、龙凤、鸳鸯、松柏、灵芝、花草等。五彩瓷的特点是色彩丰富、鲜艳明丽，如清代五彩草虫纹盘（图4-2-29）。

除了以上几类器物外，日常生活中我们经常见到的器物还有金银器、竹木器和玻璃器等。由于材质和制作工艺不同，各种器物给人的美感互有差异，这恰好使人们能够感受到美的丰富多彩。

图4-2-28　清代粉彩过枝桃蝠纹盘　　　　图4-2-29　清代五彩草虫纹盘

第三节　饮食美

饮食既是人们日常生活的基本内容，也是人们体验生活、品味生活和感悟人生的基本途径。当人们的基本生存需要得到满足，将饮食作为一种休闲生活方式或者交流、交际的途径时，人们不仅能够感受到生活的轻松、舒适和惬意，而且可以获得真实的情感体验，对生活的热爱之情油然而生，从而以饱满的热情和积极的心态去生活。

一、茶道

茶道，简单地说，就是饮茶的学问。其中包括识茶、沏茶、赏茶、饮茶和品茶的知识，以及通过喝茶进行交际和思考的学问。独处静坐，沏一壶茶，慢饮细品，心静神清，品的是一份心境；亲友相聚，品茶谈天，交流感情，在轻松愉快的气氛中体验人情之美。从一定意义上讲，茶道既是生活之道，也是交友之道，从茶道中，我们可以真切地感受到生活之美。

1. 沏茶

沏茶是茶道最基本的内容。正确地沏茶是为了使茶的香味恰到好处地释放出来，让饮者通过品味获得更加充分的审美感受。

不同类型的茶叶，沏泡时冲水的温度、浸泡时间等互有差异。把握好水温，掌握好浸泡时间，不仅能够使茶香充分地释放出来，而且可以使茶的色与味更好地体现出来。这样可以使人从品茶中获得充足的审美享受，感受到生活的美好。

2. 赏茶

赏茶主要包括两个方面的内容：一是观其色，二是嗅其香。赏茶的实质是凭借以往的生活经验，通过联想与回忆，体会和感受饮茶给人带来的审美感受。与此同时，通过观茶色、嗅茶香，展开对生活与人生的联想与思考，获得深层次的审美感受。如图4-3-1，沏好的茶分盛在杯子里，清澈透亮，令人赏心悦目，那份清香又沁人心脾。在这样的情境之下，人们自然会感觉到生活的美好。

3. 品茶

品茶是茶道的核心内容。通过品茶，一方面，可以感受生活的舒适惬意，感悟人生哲理，培养生活热情；另一方面，可以涵养性情、悟道修心，最终达到心性平和、大气包容和清心寡欲的人生境界。与此同时，各种茶品都有不同的养生效果，因此，品茶还能品出健康。

图4-3-1 花茶

4. 茶礼

茶礼是茶道的一种境界。因为喝茶是中国人的一种待客方式，为客人倒茶、敬茶和添茶时有礼有节，不仅可以融洽彼此间的关系、拉近感情距离，而且可以营造出轻松愉快的交流气氛，使沟通更加顺畅。这样一来，不论是交流感情，还是洽谈合作，都能取得良好的效果。

在这里，要特别强调的是，喝茶是一种休闲生活方式，追求的是轻松、愉快的生活感受。因此,真正的茶道不是强调繁文缛节,而是在舒适的环境和轻松的气氛中酌清饮静、享受生活、品味人生。

二、美食

一日三餐是人们最基本的生活状态。品尝美味是日常审美的基本内容。美食不论荤素,可口即美,它不仅能使人得到味觉快感,获得精神享受,而且能够使人感受到生活的美好,焕发出人的生活热情,激励人的精神。美食之美具体表现在色、香、味三个方面。

1. 色

美食讲究色、香、味俱全。其中,诱人的颜色不仅能够增进食欲,也能给人以视觉和心理上的美感享受。美食的颜色一方面是通过科学的烹饪方法,使食材本身的颜色很好地表现出来(图4-3-2);另一方面是通过不同颜色食材的搭配,使美食呈现出诱人的色彩(图4-3-3)。

图4-3-2　凉拌豆芽

图4-3-3　凉拌黄瓜

2. 香

香是美食给人的嗅觉上的美感。美食之香一方面是通过科学的烹饪使食材本身的香味释放出来(图4-3-4);另一方面是通过调味增加美食的香气,如在出锅的西红柿鸡蛋汤中淋几滴香油(图4-3-5)。

图4-3-4　烤鸡腿

图4-3-5　西红柿鸡蛋汤

3. 味

味是美食的根本。尽管色香可以增进人的食欲，但一份菜品给人的享受主要还是由味道决定的。美食之味一方面来自食材本身，另一方面来自烹调。其中，食材本身的味道是基础，烹调可以进一步凸显和优化这种味道。例如，清炒土豆丝（图4-3-6）在烹饪时只用了一点油和盐，目的是为了凸显出土豆原有的清香之味；红烧肉（图4-3-7）在烹饪时加了较多的调味品，一方面是为了去除腥味，另一方面是为了增加鲜味。

图4-3-6　清炒土豆丝　　　　图4-3-7　红烧肉

美食之美不在肥甘，家常便饭，可口即美；味不必浓厚，清爽适口为佳。从健康的角度来看，食当以素为主，以荤为辅，这样可以在享受美食的同时享受健康的人生。

第四节　人情美

人是社会的主体和生活的主宰。人在社会上生活，随时随地都要与人打交道，广泛的人脉、融洽的人际关系不仅可以使人有一个宽松、舒适的生活环境，而且能使人的事业更进一步。因为人际关系的实质是一种感情关系，在融洽的人际关系中，人们感受到的是人情美。从大的层面上看，人情美具体表现在以下三个方面。

一、亲情美

上小学时，我们唱《妈妈的吻》，摇晃着小脑袋，那时可能还没深刻理解什么是亲情；上初中时，我们听阎维文唱《母亲》，大脑中浮现出一幕幕的情景，对妈妈的爱和感激之情油然而生；上高中时，老师讲朱自清的《背影》，教室里有了啜泣声……长大了，我们不仅懂得了什么是亲情，而且深切地体会到在亲情之下，一切奉献都无怨无悔。

因为有亲情，艾青的《大堰河——我的保姆》读来令人动容；因为有亲情，朱自清一生也没忘记父亲的背影；因为亲情，每年春节很多人远隔千里也要回家。

因为《想起老妈妈》，我们《常回家看看》；因为那是一片《父亲的草原》，所以我们才觉得《草原夜色美》。每当我们唱起那些表现亲情的歌曲，诵读那些描写亲情的诗文，都会感到亲情的温暖、生活的美好。

二、友情美

李白在《黄鹤楼送孟浩然之广陵》一诗中写道："故人西辞黄鹤楼，烟花三月下扬州。孤帆远影碧空尽，唯见长江天际流。"好友乘坐的客船已经消失在天际，依然跂足翘望，不肯离去，这是怎样的一种情谊？

王勃的"海内存知己，天涯若比邻"（《送杜少府之任蜀州》），高适的"莫愁前路无知己，天下谁人不识君"（《别董大》），王维的"劝君更尽一杯酒，西出阳关无故人"（《渭城曲》）……这些诗句之所以能成为千古名句，无一不是因为其所表现的友情美。

友情不仅能使我们有一个宽松、友爱的生活环境，而且能使我们的事业顺利发展。择友而交，彼此尊重，相互支持，我们的生活会更加美好。

三、爱情美

宋代词人秦观有一首《鹊桥仙·纤云弄巧》，词中写道："柔情似水，佳期如梦，忍顾鹊桥归路。两情若是久长时，又岂在朝朝暮暮。"此作使人倍感爱情的美好。

自古以来，人们一直把爱情视为人生的大美。从《诗经》、楚辞、汉乐府民歌，到唐诗、宋词、元曲，其中不乏爱的乐章。在中国的民间传说中，也有很多凄美的爱情故事。例如，七仙女为了爱情下嫁凡间，梁山伯与祝英台为爱情双双化蝶，孟姜女因为对丈夫的真爱而哭倒了长城……

爱情之美不仅仅是男女间的相互倾慕，更重要的是彼此关爱和相互尊重。

关　雎
《诗经·国风·周南》
关关雎鸠，在河之洲。窈窕淑女，君子好逑。
参差荇菜，左右流之。窈窕淑女，寤寐求之。

求之不得，寤寐思服。悠哉悠哉，辗转反侧。
　　参差荇菜，左右采之。窈窕淑女，琴瑟友之。
　　参差荇菜，左右芼之。窈窕淑女，钟鼓乐之。

　　在这首诗歌中，当小伙子爱上了田间采摘荇菜的姑娘后，夜里辗转反侧，怎么也睡不着，脑中尽是姑娘的影子。怎么办呢？"琴瑟友之"——小伙子想好了用弹琴和奏瑟的方法取悦和靠近姑娘。于是，他终于进入了梦乡。梦中，小伙子梦见自己带着乐队，吹吹打打地将姑娘迎娶回家。在这首诗中，首先表现了小伙子对姑娘的敬重之情——远远地看着，思念着，想让她高兴。

　　今天的大学生，身处高度文明的时代，应该树立正确的爱情观：爱一个人，首先要尊重她、关心她、爱护她，而不是强迫她和欺骗她。

第五章 艺术美

　　艺术是对自然和生活进行审美反映的一种文化类型。因为很多自然事物具有美的属性，或悦目，或悦耳，或爽口，或沁人心脾，都能引起人的情感反应，激发人的热情，鼓舞或激励人的精神，这是艺术对自然进行审美反映的基础。在反映生活方面，艺术常把生活中美好的一面展示给人们看，让人们感受到生活的美好，唤起人们对生活的热爱与向往之情，激发人们的进取意识，振奋人们的精神。因为各种艺术作品都是以审美为创作目的的，所以，艺术作品的欣赏从一定意义上讲是一种美的感受与体验活动。

　　艺术美是以自然和生活为基础，通过对自然美和生活美的提炼和加工创造出来的一种美。相对于自然美而言，艺术美中不仅加入了思想美的元素，而且精神美体现得更为明显和突出，因此，艺术美不仅给人的审美影响积极强烈，而且更能鼓舞人的精神、增强人的信念等；相对于生活美，艺术美更加集中和典型，给人的情感与精神影响更为直接和强烈。

第一节 音乐之美

音乐是以各种乐音为表现对象,通过人们的听觉反应引起审美活动的一种艺术形式。由于人的听觉范围相对于视觉和嗅觉要大得多,并且极易被唤起,因此音乐是为人们所普遍喜爱的一种艺术形式。

一、音乐艺术的特点

"春眠不觉晓,处处闻啼鸟。"这是唐代诗人孟浩然《春晓》中的两句诗。躺在床上,看不见鸟儿,但能听到窗外鸟儿的叫声,这是声音的时空性;听到窗外传来的声音,不用细加分析,就知道是鸟儿的叫声,这是乐音的直觉性和经验性;从窗外传来的鸟叫声,可以判定此时天气晴好,这是音乐的情境性。概括起来讲,音乐艺术具有以下几个特点。

1. 时空性

时空性

由于声音是由物体的振动产生的,当物体的振动停止时,声音也随之消失,这是一个普遍的规律。音乐的乐音是由人的声带或乐器振动产生的,当人声带或乐器的振动停止了,乐音自然就消失了,这就是音乐的时间性。音乐的时间性既决定了音乐欣赏的即时性,也决定了音乐的易感知性和易分辨性。科技的发展为音乐信息的存储和声音的还原提供了条件,使人声演唱的歌曲或乐器演奏的曲子能够得以保存和重放,但从本质上看,并未改变音乐的时间性。

任何声音的传播都需要一定的介质,在没有任何物质的真空中,声音是不能传播的。音乐声一般是借助于空气与乐器或空气与人声带的谐振来传播的。由于空气充满于人们生存的整个空间,所以在空气接续正常的情况下,音乐传播的空间范围是不受限制的,只是由于声音的强度各不相同,传播的远近会有不同。这是音乐传播的空间性。音乐传播的空间性既决定了音乐易于引起人的无意注意,使人们不自觉地进入音乐欣赏活动中,也决定了音乐欣赏的自由性和灵活性,使音乐欣赏活动易于展开。

2. 情境性

情境性

音乐是最能引起人的情绪反应的一种艺术样式。不同的音乐作品,由于其节奏、旋律和音响强度的不同,对人的情绪影响是各不相同的,有的使人心情放松,有的令人精神鼓舞,有的把人带进遐想,有的使人思考。

由于人们总是在一定的环境中生活,同时适宜人们正常生活的所有环境中都充满了音乐传播的空气介质,所以,音乐在任何一种人们生活的环境中注入,都能使其成为情境,这就是音乐的情境性。音乐的情境性既决定了音乐应用的广泛性和普及性，也决定了音乐的表现性。

3. 直觉性

和食物的酸甜苦辣入口即可知晓一样，音乐是否悦耳、是否动听，入耳便能有一个基本的判断。至于音乐的节奏和旋律等，也是不需要多少专业知识就能做出基本判断的。与此同时，音乐对人的情绪影响是直接的。这些都是音乐直觉性的表现。

直觉性

音乐的直觉性不仅使音乐审美活动易于展开，使音乐为人们所喜爱，而且使音乐成为应用最广泛、普及程度最高的一种艺术形式。

4. 经验性

自然界中时刻产生着各种各样的声音，其中很多声音都产生于特定的情境中。例如，潮声一般产生于海水起潮的时候，雷声一般产生于刮风下雨的时候，溪水声多来自溪流，马蹄声多产生于马的奔跑动作，等等。音乐家在创作音乐作品的时候，常常根据自己所熟悉的各种声音，采用模拟的方法来制造音乐情境；欣赏者在欣赏音乐作品的时候，常常根据自己以往的听觉经验，通过联想和想象进入音乐情境。这就是音乐的经验性。

经验性

只要是听觉正常的人，一般都具有一定的音乐经验。音乐经验一方面决定了音乐家创作的视野、思路和基本方法，另一方面决定了欣赏者从音乐作品中获得情感体验的深度和理解音乐作品的能力。

二、音乐的分类

音乐一般分为声乐和器乐两大类。声乐是指用人声演唱的音乐形式，演唱时可以有乐器伴奏。器乐是指完全使用乐器演奏或者以乐器演奏为主要表现手段的音乐。

二胡独奏

声乐可以从声音类型、唱法和演唱方式三个方面进行分类。从声音类型来划分，可以分为男声和女声；从唱法来划分，一般分为美声唱法、民族唱法和通俗唱法（流行唱法）；从演唱方式来划分，可以分为独唱、重唱和合唱等。

器乐作品可以从主奏乐器的类型、演奏方式和音乐结构三个方面进行分类。从单一的主奏乐器类型来划分，器乐作品可以分为二胡曲、扬琴曲和钢琴曲等；从演奏方式来划分，器乐作品可以分为独奏曲、重奏曲、合奏曲和齐奏曲等；从音乐结构来划分，综合性的器乐作品一般分为管弦乐、交响乐和协奏曲三大类。

1. 管弦乐

管弦乐是指由弦乐和管乐作为主奏乐器进行合奏、用打击乐进行伴奏的一类音乐体裁。

管弦乐

管弦乐的基本特点是以两个主奏乐器组的轮奏为主要音乐结构，两组乐器的齐奏较少。在轮奏过程中，当弦乐组为主奏时，管乐组辅助；当管乐组为主奏时，弦乐组辅助。因此，管弦乐的层次一般十分清晰。打击乐组在管弦乐中始终处于辅助地位，因此音效一般不是很突出。

2. 交响乐

交响乐是在管弦乐的基础上发展而来的。交响乐与管弦乐的区别突出地表现为三点：一是打击乐在交响乐中与弦乐、管乐一样，也是主奏乐器；二是交响乐以弦乐、管乐和打击乐三个乐器组的齐奏为主要表现手段，轮奏较少；三是交响乐的配器更加丰富，音乐内涵更加丰富，感染力更强。

3. 协奏曲

协奏曲是指由一件或一组乐器独奏，由管弦乐队进行协奏的一种音乐体裁。其基本特点一般表现为两点：一是协奏曲以一件或多件乐器的独奏为主要音乐结构，以管弦乐队的协助来丰富音乐层次；二是用独奏乐器奏出音乐的主旋律，由管弦乐队通过齐奏、轮奏等协助方式烘托音乐背景，加强音乐气氛，增强音乐的感染力等。

三、音乐的欣赏要点

音乐欣赏既是一种审美活动，也是一种认知活动。音乐欣赏可以改善人的心境、培养人的生活情趣、激发人的生活热情和振奋人的精神等。怎样从音乐欣赏中获得充分的审美体验呢？应主要把握以下几点。

（一）聆听

音乐是听觉艺术。音乐的美首先为听觉所感知，音乐欣赏要靠听觉来实现，因此，聆听不仅是感受和感知音乐的基础，也是音乐审美的主要途径。

一般来讲，音乐欣赏的基本过程是：音乐作用于人的听觉器官，感染人的情绪，触发人的想象与联想，进而使人凭借自己的生活经验感受和理解音乐所表达的思想内容，从中受到情感的熏陶和精神的鼓舞等。在这一过程中，听觉占据着绝对主导的地位。

聆听时应主要把握以下几点：

一是把握音乐的旋律，进入音乐情境。旋律是塑造音乐形象、描绘音乐情境、表达音乐思想的重要手段。旋律的激越或舒缓、粗犷或细腻等，都是由表现思想感情的需要决定的，因此，把握住了旋律，也就是把握住了音乐的感情基调。在此基础上，进入音乐情境、体验音乐情感和理解音乐思想就十分容易了。

二是感受音乐的节奏，展开审美活动。节奏是音乐表现情感和思想的重要手段，节奏的强弱、快慢等能反映出不同的情感倾向。节奏还可以帮助人们了解音乐作品的体裁形式，比如进行曲、圆舞曲、抒情曲等。因此，对音乐节奏的把握是体验音乐情感和理解音乐思想的重要一环。

三是认真倾听、细心感受音乐的曲式、结构等。音乐作品的曲式、结构同音乐作品要反映的艺术形象和思想内容有着紧密的联系，也是表达音乐思想极为重要的手段。一部音乐作品总是会有一个或几个音乐主题，并通过这些音乐主题的发展变化来表达音乐形象和音乐思想。如乐曲《嘎达梅林》，开头是一段略显宁静的引子；接着由双簧管吹出了悠扬优美的主部主题旋律，描绘了辽阔壮美的草原风景；紧接着，由长号和大号奏出了一段凄婉的副部主题音乐，和主部主题形成强烈的对比。几个主题交织在一起表达出丰富的情感内涵。

在欣赏音乐作品时，我们应当细心倾听作品的每一部分，细心感受每一部分的细微变化及其演进过程，借以把握音乐形象、进入音乐意境。与此同时，我们还应感受整部作品的音乐效果，包括音响强弱、节奏张弛、和声的运用、配器的处理，以及运用各种乐器的不同音色表现不同的情绪等，全面感受音乐作品所要表达的思想和情感。

（二）想象与联想

音乐所塑造的形象和描绘的意境是比较抽象的，不是听众能从音响中直接感知到的，它必须通过想象和联想才能予以把握。这就是说，想象和联想是音乐欣赏的重要环节。

音乐欣赏过程中的想象和联想活动几乎是在聆听音乐的基础上自然而然地发生的，只需欣赏者将其引向深入即可实现对音乐作品所蕴含的情感的深刻体验和思想的深透理解。如欣赏歌曲《十五的月亮》，那美妙的旋律、含情的唱词，一听就能将人带进一种月夜相思的情境，继而使人展开丰富的想象，在脑中对音乐形象和情境进行再现和理解。

从另一个角度来讲，音乐能给人以想象、联想的广阔空间。音乐的这一审美特点对于培养创造性思维大有帮助，随着音乐的流动，人的形象思维会更加积极活跃、开阔自由。一部音乐作品的好坏，不仅在于它是否好听，还在于它是否塑造了鲜明的音乐形象或是否描绘了美妙的音乐情景，这些是音乐能否把人的想象引向无穷空间的重要基础。例如著名的二胡曲《二泉映月》，不仅以优美的旋律征服了千万人，而且其深邃的意境能够很自然地将人带进一种境界，使人放飞思想、徜徉心灵。尤其是它那时而舒缓有致、时而激越昂扬的曲调，使人不由自主地随着音乐进入一种月色凄清、水光潋滟的情境之中，灵魂被一缕淡淡的忧伤抚慰着，情感和思想得到升华。

（三）情感体验

音乐是情感与情绪的艺术。音乐对人的作用首先体现为情绪的感染和情感的触发。欣赏者对音乐作品的认知，首先是在情绪上受到感染，继而才能理解音乐所表现的情感和思想。从另一个角度来看，音乐是表现艺术。它与再现艺术最大的不同是：再现艺术要依照现实生活的形态，塑造看得见或者摸得着的艺术形象，通过具体的形象来表情达意。音乐艺术则是将人们的生活感情直接地表达出来，是感情的直接载体。饱含深情的音乐作品，给人的感受是直接的、情感影响是强烈的。因此，情感体验是音乐欣赏十分重要的一个环节。

音乐欣赏中的情感体验可以通过三种途径来实现：一是通过认真地聆听来实现。通过聆听，人们可以对音乐的节奏、力度、音色、和声、器乐和声乐等进行全面的感知，仔细地感受声音的变化，由声音的变化感悟情感的变化，进而获得情感上的体验，把握音乐作品的内涵。如听《国际歌》和《义勇军进行曲》这样的音乐，可以体验悲壮、义愤之情；听《大刀进行曲》和《中国人民解放军军歌》这样的音乐，可以体验勇于斗争和不怕牺牲的豪情，等等。二是通过想象和联想来实现。人们对音乐的审美认识和情感体验是以想象和联想为基础的，想象和联想越活跃，情感体验也就越强烈，对音乐的认识和理解就越深刻。三是借助于音乐标题和文字提示，结合欣赏者自身的生活经验进行体验。

（四）形象与意境的再创造

音乐不像绘画和雕塑那样具有直观性和具体性，也不像文学作品那样有明确的语言内涵，音乐所表现的思想或内心视象常常是不确定的。特别是一些无标题的器乐作品，不同职业、性格和不同欣赏水平的人，从中获得的感情体验或对其思想的理解都会存在一定的差异。

音乐情感和思想的不确定性，让人们很难用语言精确而具体地表述其内涵，也使人很难说清从中获得的感受。但这恰恰为人们提供了自由的想象再造空间，使人们能够调集自己的生活经验，充分发挥想象与联想能力，对音乐形象或意境进行补充、完善和再创造，继而从中获得更加真切而强烈的情感体验。

音乐欣赏过程中的形象与意境再造是以音乐作品本身所表现的情感为基础的，尽管其情感可能不具有十分的确定性，但其施加给人们的情绪感染作用大体一致。况且，任何一个音乐作品一般都有其特定的感情内涵或表达着特定的感情倾向，这就为人们的欣赏再造确定了基准。因此，不同的欣赏者欣赏同一部音乐作品时，即使他们根据自己的生活经验和思想基础对作品进行了不同的再创造，对作品的意义或内容有着不同的理解，产生了不同的审美体验，但从中获得的收益的性质大致是相同的。比如，欣赏刘和刚演唱的《父亲》这首歌曲，不同的欣赏者脑海中浮现出的生活情景是各不相同的，但从歌曲中获得的情感体验和受到的灵魂洗礼是大体一致的。

（五）主题分析

虽然音乐以感性认知为主、以理性认知为辅，但音乐作品中大多都蕴含着一定的思想，这是一个不争的事实。换句话说，人们欣赏音乐的首要目的是从中获得审美愉悦与情感体验，而不仅仅是期盼从中得到某种知识或思想，也不仅仅是为了接受思想教育。然而，没有思想内涵的音乐作品是苍白无力的，仅仅从音乐作品中获得审美愉悦的欣赏活动也是浅层次的。因此，音乐欣赏也需要上升到理性的高度。

对音乐作品的理性欣赏是在感性认知的基础上，对作品的旋律、节奏、曲式结构、作者的创作意图和赋予作品的思想内容等进行分析，继而把握作品的主题思想、表现形式、风格、表现手法等，以求强化审美主体的心理体验，深入理解、领会音乐作品的思想内涵。至此，音乐欣赏活动才算进入了一种境界。

在对音乐作品进行理性欣赏时，首先要在聆听的基础上对音乐的旋律、节奏、和声处理、配器手法等进行全面认知，其次是对音乐作品产生的时代及历史背景、作者的生活经历和创作意图等进行了解。这样一来，把握作品的感情倾向和思想内涵就比较容易了。

总之，欣赏音乐作品就是从中获得情感的体验和美感享受，受到精神的激励和鼓舞，得到思想的启迪与涵养。从方法上讲，音乐欣赏必须从聆听开始，也就是从对音乐节奏、节拍、速度、力度、音调、音色、和声、器乐和声乐等的全面感知入手。通过聆听，仔细地感受声音的变化，由声音的变化感悟情感的变化，获得情感上的体验，把握音乐作品的内涵。

对于单纯追求审美愉悦的普通人来讲，在欣赏音乐作品时，没有必要刻意地去感知、分析和研究，只需借助于聆听，自然而然地进入音乐情境，放飞心灵，达到身心轻松、精神愉快、情绪安定等效果就可以了。在音乐作品的选择上，完全可以根据个人的喜好，只要自己听起来觉得悦耳动听，并且能够消除疲劳、缓解紧张情绪和舒展心情就行，没有必要贪大求洋。

第二节　雕塑之美

雕塑是运用可塑性、可雕性的物质材料，如玉、石、木、金属、黏土等，通过雕、刻、塑、铸、焊等手段制作的反映社会生活，表现理想、愿望、精神寄托等主题的一种可视、可触、静态和立体的造型艺术。

一、雕塑艺术的特点

雕塑艺术是在三维空间内通过形体塑造来表达思想、抒发感情、表现审美意趣和寄寓精神的一种艺术形式。与其他门类的艺术形式相比，雕塑艺术具有以下几个特点。

（一）以形体为基本表现形式

雕塑作品的思想内涵、审美意趣都是通过一定的形体来表现的，以形体为基本表现形式是雕塑艺术的最大特点。正是因为以形体为基础，雕塑作品长于表现事物的外形特征，易于做到形神兼备，并且容易在视觉上给人们以强烈的冲击力，把人们的目光吸引过来，使人有意无意地成为欣赏者。与此同时，形体本身的直观性又决定了雕塑艺术易于为大多数人所感知和欣赏，这就决定了它是一种

看微课

雕塑艺术的特点

大众的艺术形式。

以形体为基本表现形式决定了雕塑的简洁性和概括性，短于叙事而长于精神表现，因此，雕塑作品常常用于表现精神寄托、信仰和崇拜，以及审美意趣等。例如，图5-2-1这件北齐时期的石刻佛坐像（现藏于山东省青州博物馆）就是用于表现精神寄托、信仰和道德崇拜的。

（二）表现手段的单一性

舞蹈艺术不仅有形体动作，而且有音乐、灯光的配合。绘画不仅可以借助于形象和色彩，而且可以借助于概括主题的标题和题诗等。相对于这些艺术形式来讲，雕塑的表现手段比较单一，它只能依靠单纯的人物形象或事物形体来表现一定的思想、寄寓某种道德或象征某种精神等。这一特点决定了雕塑作品本身既要形象明确、特点突出，同时细节的凸显或暗示要十分清楚。例如，西汉霍去病墓前的大型雕塑"马踏匈奴"这件石雕作品，通过已被踏在马下仍左手持弓、右手执箭的细节刻画，暗示这一匈奴败将的垂死挣扎。

图5-2-1　北齐石刻佛坐像

（三）象征性和寓意性

因为雕塑艺术是借助于事物的形体来抒发情感、表达思想和表现道德精神的，因而难以像绘画那样进行细致、复杂的描绘，只能凭借单纯的形象触发和唤起人们的想象与联想，使人们通过想象和联想把握其思想内涵，这就决定了雕塑作品的象征性和寓意性。例如，中国古代雕塑中的龙、凤、龟、狮、麒麟等形象都有其象征意义。

雕塑艺术的象征性和寓意性常常与人们普遍的思想观念、审美意趣和知识经验联系起来，使人们很容易看到其内在的思想或所表现的精神。如中外人体雕塑作品非常注意人物姿态、表情、局部特征的雕琢，这是由人们普遍的审美观念所决定的。与此同时，雕塑作品的象征意与寓意常常隐含于与形象紧密联系的幕后故事之中。例如，当我们看到鲁迅雕塑的时候，自然而然地会想到他为民族的前途与命运呐喊和呼号的事迹，继而从这一雕像本身看到其所象征的不屈不挠的斗争精神。

（四）体量美与视觉冲击力

雕塑作品的体量美包括两层含义：一是指大型单体雕塑作品以其形体的高大给人的庄严、雄壮、厚重等美感，二是指群雕作品以其数量和规模而给人的壮观、恢宏、博大等印象。例如，洛阳龙门奉先寺的唐代石刻卢舍那大佛（图5-2-2），通高17.14米，头高4米，耳长1.9米，形象高大，气势壮观。现陈列于陕西咸阳历史博物馆的汉兵马俑以其数量众多给人以场面宏大、气势壮观的体量美。雕塑作品的体量美首先体现为强烈的视觉冲击力，继而转化为一种心灵震撼，使人获得强烈的审美快感。

图 5-2-2　卢舍那大佛

二、雕塑作品的分类

根据不同的分类标准来划分，雕塑可以分为很多种。其常用的分类标准及分类结果如下。

按雕塑作品所用的制作材料来划分，可分为石刻、木雕、泥塑、陶塑、金属雕塑、玻璃钢雕塑等；在雕塑上施以粉彩的，叫彩雕或彩塑。例如，图5-2-3是现藏于浙江省博物馆的宋代泥塑彩绘观音立像，这尊立像是一件泥塑施彩的雕塑作品。

看微课

雕塑作品的分类

图 5-2-3　宋代泥塑彩绘观音立像

图 5-2-4　唐代陶塑佛像

雕塑按其形态来分,可分为圆雕、浮雕和透雕(镂空雕)三种。圆雕是不依附背景的、完全立体的、可从四面观赏的一种雕塑。浮雕是只有一个观赏面的雕塑形式,其基本特点是有一块底板为依托,所雕塑的形体被不同程度地压缩后在一定的空间内凸显出来。例如,图5-2-4是现藏于陕西历史博物馆的唐代陶塑佛像,这件陶塑作品就是浮雕。透雕是在浮雕基础上镂空背景部分的雕塑形式。

雕塑按放置环境和用途来分,可分为城市雕塑、园林雕塑、室内架上雕塑、案头雕塑等。

三、雕塑艺术的欣赏要点

雕塑艺术的欣赏要点

因为雕塑形象明确具体,很容易看得清楚,所以一般人都可以观赏,这是雕塑艺术的大众性。与此同时,由于雕塑作品一般都有它的寓意或象征意义,而其寓意和象征意义常常是与雕塑形象背后的故事、古代神话、历史传说等联系在一起的,需要具备一定的历史文化知识才能够正确理解,这是雕塑作品的人文性。欣赏雕塑作品不仅要观赏其形象,把握其所表现的思想、昭示的道德和象征的精神,而且还要看其雕塑工艺和创作手法等方面的可取之处。雕塑艺术的欣赏要点如下。

(一)观赏雕塑形象

观赏雕塑形象,主要应把握住三点:一是看清楚雕塑作品的基本构成,其中包括主体形象、陪衬形象和背景雕饰等。在此基础上,明确雕塑作品所塑造的主要形象的类属。二是看雕塑作品中形象的姿态和形体特点等。因为形象的姿态不同,所表现的精神风貌不同。例如,《马踏匈奴》(图5-2-5)和《马踏飞燕》(图5-2-6)这两件雕塑作品,虽然都是马的形象,但前者通过马坚实站立的形象表现其力量,后者通过马奔跑的姿态表现其速度。三是看雕塑作品的体量。雕塑作品的体量不仅决定其观赏性,而且反映着创作者的雕塑水平和艺术精神等。例如,不论是秦始皇陵区出土的秦兵马俑,还是咸阳杨家湾汉墓出土的汉兵马俑,几千个士兵形象没有完全重复的,这不仅反映了创作者高超的技艺,而且反映出了他们追求完美的艺术精神。

图5-2-5 马踏匈奴

图5-2-6 马踏飞燕

（二）把握思想内涵

　　雕塑作品的真正价值不是审美表现，而是思想表达。因此，欣赏雕塑作品必须准确把握作品的思想意义。怎样才能准确把握作品的思想意义呢？一是通过了解形象在特定文化背景下的寓意或象征意义来把握。以中国古代雕塑作品的欣赏为例，在中国传统文化中，很多事物的形象都有其基本的寓意和象征意义，如龙象征着刚健有为、马象征着厚德载物、牛象征着吃苦耐劳等。二是通过形象的基本特征和细节特点来把握。例如，《掷铁饼者》（图5-2-7）这尊雕像通过健硕的肌肉和突出的筋腱等形象特征来表现人物的强健有力，使人们感受生命与健康的美好。三是通过形象背后的故事来把握雕塑作品的思想意义。例如，图5-2-8这件《苏武牧羊》雕塑以苏武形象为主体，以两只羊和苏武手中的旌节为辅助，讲的是苏武持节牧羊的故事。只要熟悉苏武牧羊的历史故事，就能正确理解这尊雕像的思想意义。四是通过与雕塑作品形象相关的历史传说、神话故事等来分析其思想意义。例如，天禄是中国古代传说中主持公道的一种神兽，遇到不公平的事情时，它就用角去抵触过错的一方。唐代皇帝的陵前石刻中都有天禄（图5-2-9）的雕塑，要把握这些雕塑作品的思想意义，就需要知道相关的历史传说。五是根据雕塑作品创作的背景、放置环境等分析其思想意义。例如，《千古雄风》（图5-2-10）雕塑放置在咸阳市中华广场，其思想意义是象征着这个城市的历史。

图5-2-7　掷铁饼者

图5-2-8　苏武牧羊

图5-2-9 唐顺陵天禄

图5-2-10 《千古雄风》雕塑

（三）分析艺术特色

因为各种艺术门类的创作手法大多是相通的，对雕塑作品艺术特色的分析不仅能加深对它的认识和理解，获得更充分的美感体验，而且能够受到思想方法和创作方法的提示，提高思想分析能力和文艺作品的创作能力。

对于雕塑作品艺术特色的分析主要从四个方面入手：一是从构图元素的分析入手。因为在雕塑作品中，不仅每一个构图元素都具有一定的含义，所有元素按照一定的关系组合起来共同支撑着作品的主题，而且某一元素的巧妙使用能使作品的主题很好地凸显出来，或者使作品的艺术魅力一下子得到增强。例如，青铜雕塑《马踏飞燕》，被踩在马蹄下的燕子这一元素的使用使得骏马飞奔的主题被成功地凸显出来。二是从创作方法入手。在古今中外难以数计的雕塑佳作中，既有现实主义的珍品，也有浪漫主义的杰作。由于创作手法的不同，作品的风格各异，艺术魅力也不尽相同。与此同时，写实的作品大多表现的是人们的道德认同、生活愿望和审美志趣等，虚构的雕塑形象常常表现的是人们的精神崇拜和精神寄托等。例如，中国古代雕塑中的青龙、朱雀等神兽形象，就是人们采用浪漫主义的创作方法虚构出来的，人们虚构这些形象的目的主要是精神寄托。三是从表现手法入手。根据主题的需要，在雕塑创作时，创作者们经常使用夸张、对比和衬托等表现手法来塑造形象。四是从雕塑工艺入手。雕塑工艺不仅在一定程度上决定着作品的思想表现力，而且决定着作品的艺术魅力。例如，图5-2-11这件东魏时期的石刻佛像（现藏于麦积山石窟艺术研究所）将衣饰的纹理雕刻得生动细腻，增强了整个作品的美感。

图5-2-11 东魏时期石刻佛像

第三节 绘画之美

绘画是在平面上描绘形象或场景，借以表达思想感情、反映道德和精神，或是表现审美意趣的一种艺术形式。与雕塑艺术比较，它在平面上创造图像，作品形态是平面的，没有雕塑艺术的立体感。与工艺美术相比较，绘画侧重于表达思想感情、反映道德和精神，而工艺美术作品主要起美化装饰作用，二者的创作目的不同。

一、绘画艺术的一般特点

绘画是用色彩和线条在平面上描绘形象的一种艺术形式。它以现实存在的各种事物为形象基础，以事物美的属性和人们赋予事物的各种文化意义为表现内容，或唤起人们的审美体验，或启发人们的思想，或激励人们的精神。概括来看，绘画艺术具有以下几个特点。

绘画的特点

（一）平面与静态的表现形式

绘画是在平面上描绘各种事物形象或场景，各种形象进入画面后，都是以平面的形式呈现出来的。与此同时，不论是静态的事物，还是动态的事物，一旦被描绘下来，在绘画中都是以静态的形式表现出来的。

绘画虽然以平面和静态的形式存在，但它既能够通过空间的透视关系和色彩的明暗变化表现出事物的立体感，也能够表现出事物的动感。例如，图5-3-1这

图5-3-1 张雅盈《踏青》

幅写意画，虽然是以平面的形式存在的，但是通过物象的位置关系、色彩的明暗变化等，将形象的立体感和场面的空间感都表现出来了。图5-3-2是吴昌硕的《墨竹图》，这幅画中的竹叶表现出了在风中摇曳的动感。

（二）视觉规律的综合利用

绘画虽然是在平面上描绘形象或场景，但必须表现出形象的立体感和场面的空间感，只有这样，才能生动、形象地表现出事物的美感及其蕴含的道德与精神。那么，绘画是怎样在二维空间上将形象的立体感和场面的空间感表现出来的呢？主要是利用了人们对不同距离的物体的视觉幻觉和视觉思维经验。具体地讲，是利用了五种视觉规律：一是物象的大小关系，即利用视觉的一般规律，大的被感知为大，小的被感知为小。二是物象的遮挡关系，即遮挡物象在前，被遮挡的物象在后。三是透视变化规律，即物体近大远小的视觉规律。四是利用色彩变化的一般规律，其中包括明暗变化、色相变化、色度变化和对比度变化等。五是利用物象的虚实变化规律，即物象近实远虚，近处清晰、具体，远处模糊、抽象。在绘画创作中，这五种视觉规律一般是同时使用的。

图5-3-2　吴昌硕《墨竹图》

（三）想象与联想的启示性

绘画不仅通过视觉形象的描绘表现人的思想感情，而且还力求使欣赏者通过画面联想到没有出现在画面上而又和画面形象有密切联系的事物。清代笪重光在《画筌》中说："虚实相生，无画处皆成妙境。"这句话讲的正是绘画采用虚实相生的手法，描绘具体物象于画中，引人的思维至画外，使人获得更加丰富、更加强烈的审美享受。例如，图5-3-3这一组《杭城观花图》画的是杭州春、夏、秋、冬四个季节中最具代表性的几种花卉。凡是熟悉杭州生活的人，只要看到这一组国画就会联想到春天灵峰梅花盛开、夏天西湖荷花盛开、秋天满陇桂花飘香和冬天满城山茶花开的美好景象。

（四）再现与表现兼长

绘画长于描绘，并且对形象和场景的描绘可以达到逼真的程度，因此，可以对现实存在的各种形象和场景进行完美的再现。例如，西方的油画和中国画中的工笔画大多采用再现的方法展示形象和场景的美，借以唤起人们的审美体验、激发人们的生活热情。

图5-3-3　国画《杭城观花图》

绘画创作中再现方法的使用虽然可以使所绘形象或场景的视觉美感完美地展示出来，使人们从中获得充分的审美体验，但很难将物象的思想内涵表现出来。于是，艺术家们便开始研究绘画的表现功能并将其应用于创作实践。这里，我们分别从中国绘画艺术的发展过程和西方绘画实践两个方面来看。

从中国绘画发展的历史来看，早在距今7 000~5 000年前的仰韶文化时期，中国的彩陶上就出现了写意的绘画图案。如图5-3-4是一件出土于西安半坡遗址的仰韶文化时期的彩陶盆，这件彩陶盆上绘有人面和鱼纹的写意图案。到了秦代，陕西关中地区的瓦当上便出现了鹿纹、植物纹和雷云纹的写意图案，这些图案已经有了明确的思想含义，如图5-3-5是出土于秦咸阳宫遗址的一件鹿纹瓦当，这枚瓦当上有一只写意鹿的形象，其寓意是福禄常至。到了宋代，画家米芾和米友仁父子提出了"心画"的主张，强调绘画要表现人的思想、感情和精神

图5-3-4　人面鱼纹彩陶盆　　　　图5-3-5　秦代鹿纹瓦当

等。这一观点实质上就是强调绘画的表现性。因为中国绘画在发展过程中一直重视写意，所以最终形成了以写意为突出特点的绘画风格。写意画具有超强的思想表现力。

（五）视觉美感的丰富性

不同的画种，由于绘画工具、材料、创作方法、艺术技巧等的不同，具有不同的艺术风格和视觉美感。如中国画意境高远、清新淡雅、富有神韵，油画色彩艳丽、物象逼真、视觉美感十足。从另一个角度看，由于不同的画家驾驭绘画语言的功夫不同，以及运用笔法、墨法、刀法、色彩、构图等的差异，即使画同一画种、相同题材的作品，不同画家的作品给予人们的美感也不尽相同。

二、绘画的分类

（一）按照绘画工具和使用的材料来分

看微课
绘画的分类

看微课
中国十大名画

绘画分为中国画、油画、版画、水彩画、水粉画和素描等。

1. 中国画

中国画是指用毛笔蘸水、墨、彩作画于绢或纸上的一类绘画样式，简称"国画"。中国画创作使用的绘画工具和材料主要有毛笔、墨、国画颜料、宣纸、绢等，题材可分人物、山水和花鸟三大类，技法分为工笔和写意两种。

中国画的最大特点是注重人的情感、道德与精神表现，讲求"以形写神"，追求一种"妙在似与不似之间"的神韵，画风清新，意境高远。图5-3-6这幅国画用色浅淡，画面清爽，画作尺幅虽小但表现的空间很大，意境深远。

2. 油画

油画是西方绘画的主要品种，起源于欧洲，约15世纪时由尼德兰画家扬·凡·艾克对绘画材料等加以改良后发扬光大，近代油画用亚麻籽油调和颜料，在经过处理的布或木板上作画。油画颜料不透明，覆盖力强，所以绘画时可以由深到浅，逐层覆盖，使作产生出立体感，如图5-3-7这幅油画（常书鸿作，现藏于浙江省博物馆）。

3. 版画

版画是在不同材料的版面上刻画形象后印制而成，它最大的特点是可以连续重复印制。由于版材的性质与刻印方式的不同分为木刻、铜版画、石版画等，其中木刻是最常见的版画形式。

图5-3-6 张文莉国画

图5-3-7　重庆凤凰山即景

4. 水彩画和水粉画

水彩画和水粉画是用水调和颜料创作的绘画，大多画于纸上。水彩画特别借助水对颜料的渗溶效果及纸的底色，产生画面的透明感及轻快、湿润的艺术效果。水粉画颜料有一定的覆盖力，又容易被水稀释，可用干、湿、透明、厚积等不同表现方法作画，其特点兼有水彩的明快、油画的浑厚。当代的宣传、广告画多采用水粉材料画成。

5. 素描

素描又称单色画，广义上指的是以任意一种材料作单色的描绘，狭义指用铅笔、钢笔、木炭笔等在纸上绘出形象。它一般是画家的写生之作，即面对人物或风景描绘而成，是一种有研习性的绘画基础训练作品。有时也指画家构思大幅创作的草图。

（二）按照作品再现或表现的对象来分

绘画可以分为人物画、风景画、静物画和动物画等。

1. 人物画

人物画是以人物形象为画面主体的绘画的总称。人物画力求把人物个性刻画得逼真传神、气韵生动、形神兼备。其传神之法，常把对人物性格的表现寓于环境、气氛、身姿和瞬间动感的描绘之中。

2. 风景画

风景画是指以风景为描绘对象的绘画。中国画中的山水画就属于风景画，但在中国画艺术中一般不使用"风景画"的概念，而将其称作山水画。风景画的概念现在一般仅用于西方传入的油画、水彩画等。西方的油画风景、中国画的山水最早只作为人物画的背景，以后才逐步发展为独立的画科。

3. 静物画

静物画是以相对静止的物体为主要描绘对象的绘画。所绘物体（如花卉、蔬果、器皿、书册、食品和餐具等）都是根据作者创作意图的需要，经过认真选择、精心摆布和安排的，画中的物体在形象和色调关系上都能得到较好的表现。

4. 动物画

动物画是以各种动物为描绘对象的绘画的总称。动物画以动物形象为载体，借以表达人的愿望、幻想和各种思想感情等。它的题材很广泛，凡动物均可入画。动物画不要求惟妙惟肖，允许夸张与变形，但要有个性，要能引起观众对生活美的联想。动物画在中国画里是被归入花鸟画一类的。例如，唐代韩滉的《五牛图》就是动物画，它是我国十大传世名画之一，属于花鸟画。

三、绘画的基本表现手段

绘画的基本表现手段

绘画艺术是在平面上描绘物象、制造空间感，展示现实生活与想象世界的事物与景象，传达人的思想感情的视觉艺术。其基本表现手段是运用线条、色彩、明暗、透视、构图等绘画语言描绘物象，借以传达人的思想和感情等。

（一）线条

线条就是绘画时勾勒轮廓的线，有曲线、直线、折线，有粗线、细线，统称"线条"。线条是绘画的主要表现手段之一，线条美是构成绘画形式美的一个重要因素。

相对于西洋画来讲，中国画更重视线条的使用。值得注意的是，中国画中的线条大都不是物象所原有的，是画家用以表示两物象的界限的。如图5-3-8是齐白石的《百寿图》。这幅画从小孩子的脸部轮廓，到两个人服饰的质感表现等，使用了大量线条来勾勒。

在中国画中，线条是塑造形体的外轮廓线和标明形体内部结构的结构线，它在造型中具有重要的作用。运用丰富多样、生动变化的线条语言描绘表现对象，能使绘画有一种特殊的美感。

图5-3-8 齐白石《百寿图》

（二）色彩

色彩是最具感染力的绘画语言，一幅成功的绘画作品，不论其是水彩画、水粉画，还是油画、版画，都要具有色彩美。缺乏色彩美的绘画，很难取得生动感人的艺术效果。即便是水墨画，也要通过墨色的变化体现出色彩美。图5-3-9是明代画家徐渭的《墨葡萄图》，这幅画墨色的浓、淡、干、湿和黑白变化层次分明，具有独特的视觉美感。

相对于中国画而言，西洋画在色彩的运用方面更具活力。如西方的主要画种油画，颜色笔笔衔接，铺满画面；层层积色，构成灿烂、艳丽或凝重浑厚的色彩效果。

（三）构图

绘画创作时，根据题材和主题表现的要求，把要表现的形象合理地组织起来，构成一个和谐、完整的画面，这一过程称之为构图。构图是绘画的基础，构图的成功与否，直接决定着绘画的成败。一般来讲，绘画构图应该满足以下四点要求：第一，主宾关系明确，位置安排得当；第二，构图结构形式与内容的统一；第三，色彩与表现内容的统一；第四，构图要符合形式美的法则。

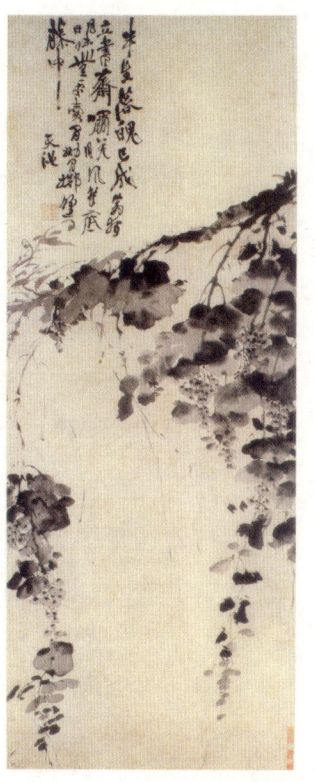

图 5-3-9　徐渭《墨葡萄图》

（四）明暗

明暗是指画中物体受光、背光部分的明暗度变化，以及对这种变化的表现方法。物体在光线照射下出现两种明暗状态，即亮面和暗面。这两种光线明暗一般又显现为五个基本层次：一是亮面，即直接受光部分；二是灰面，即中间面，半明半暗；三是明暗交界线，即亮部与暗部转折交界的地方；四是投影，即背光物体的阴影部分；五是反光，即暗面受周围反光的影响而产生的暗中透亮的部分。

明暗是自然界的物理现象。光线从不同的角度照射物体，物体各个侧面受光的不均匀性造成明暗变化，这样的明暗变化就会使物体呈现出立体感。绘画正是利用这一原理，通过明暗层次的处理来表现物象的层次感。

四、绘画的欣赏要点

不论是对自然或生活中的美好景象进行再现，还是对事物形象所蕴含的思想、道德和精神进行表现，绘画作品在创作的过程中都会对描绘对象进行典型化的处理。经过典型化的处理之后，绘画中的景象已经不再是自然的物象，有的被倾注了创作者的感情，有的被赋予了一定的思想、道德或精神。因此，欣赏绘画作品不能像欣赏自然景象那样单纯地进行审美观照。应该怎样欣赏绘画作品呢？

看微课

绘画的欣赏要点

（一）审美观赏

作为一种视觉艺术，绘画作品的欣赏首先必须从观赏入手。怎样观赏呢？一是弄清楚所画内容，即看清楚画上都画了什么，以及所画物象的主从关系等。二是整体观赏，获得视觉印象。由于题材不同、画种不同，绘画给人的视觉印象是互有差异的，有的让人觉得美，有的使人感到意趣，有的使人看到一种精神。例如，图5-3-10这幅齐白石先生的《他日相呼》首先让人感到一种意趣，继而从画题产生联想与思考；图5-3-11这幅苏轼的《墨竹图》首先让人看到的是铮铮傲骨，继而使人联想到做人的气节和精神。三是用心感悟，获得审美体验、道德启示等。绘画的题材丰富，意思表达各不相同，要真正看懂一幅画，还需要用心感悟，这样才能获得充分的审美体验、明确的道德启示或强烈的精神激励等。

图5-3-10　齐白石《他日相呼》

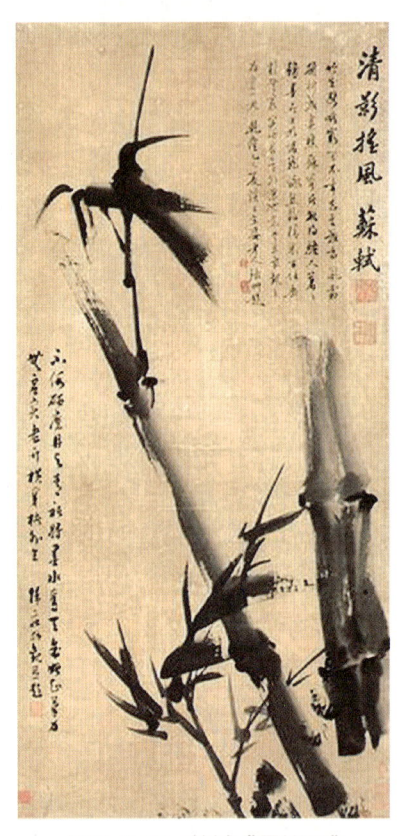

图5-3-11　苏轼《墨竹图》

（二）思想分析

不论是西洋画，还是中国画，都十分重视思想感情的表达。特别是中国画中的花鸟画，其思想性比审美性更加突出。因此，绘画欣赏要特别重视画作的思想分析。怎么分析呢？一是从所画物象的寓意或象征意义入手进行分析。因为现实存在的各种景象很多都被人们赋予了文化意义，这些景象入画之后会有明确的思想含义。例如，日出象征着希望，风帆寓意远行，竹子象征着平安，牡丹象征着富贵等。二是从物象的组合关系着眼进行分析。具有明确寓意或象征意义的物象相互组合，意思表达更加丰富和多样。组合不同，其思想意义就不同。例如，竹子和牡丹组合成画，表达的意思是富贵平安；竹子和石头组合，表达的意思是平安稳定。三是从画题分析入手。由于现实存在的很多景象具有丰富的文化内涵，其寓意和象征意义很多，所以要因画题不同作具体分析。四是从物象的特征和比例关系等着眼进行分析。例如，苏东坡所画竹子显得傲骨铮铮，表现的是刚健精神；郑板桥所画竹子显得清瘦清雅，表现的是贫不失节的美德。

（三）艺术分析

绘画创作的选材、构思、主题表现等与文章写作极其相似，因此，对画作进行艺术分析不仅可以使欣赏活动上升到理性的高度，而且可以从中得到一些启示，有助于写作能力的提高。一般来讲，对画作进行艺术鉴赏主要从四个方面入手：一是看素材处理是否巧妙和恰当。根据创作方法来划分，绘画作品分为再现和表现两大类。表现性的绘画作品一般都要对描绘对象进行取舍和剪裁，处理得当不仅可以增强绘画的可观赏性，而且可以突出表现其思想内涵。例如，齐白石先生的作品常常只画几片叶子、几只虫子或一两个果实，不仅富有意趣，而且主题突出。二是看整幅作品的构图。绘画作品的构图不仅决定其视觉效果，而且决定其思想表现。看绘画作品的构图，主要是看其构图是否和谐、物象关系是否清楚、虚实处理是否恰当等。例如，吴昌硕先生国画作品最大的特点是构图十分和谐，让人看了感觉很舒服。三是看技法的运用。技法的运用是为了增强表现效果，但使用不当就会弄巧成拙，因此，从艺术的角度分析绘画作品，还要看技法的运用是否得当，是否取得了较好的表现效果。四是看一般手段的运用，其中包括线条的使用是否得体、色彩的运用是否恰当、明暗处理是否到位等。

（四）价值判断

绘画欣赏的意义不仅是从中获得审美享受、思想启示、道德感召和精神激励，而且要对其优劣进行判定，为作品收藏提供参考。怎样才能对一幅画作的价值做出正确的判断呢？就画作本身而言，应把握以下三点：一是看画作的整体质量。一幅画的收藏价值首先是由它的质量决定的，其中包括内容质量和艺术水准两个部分。就内容来看，画作能够对人产生的积极影响越大，质量就越高；就艺术水准来看，画作的可观赏性越强，质量就越高。二是看画作的独创性和独特性。一幅画作的独创性越强、特点越突出，其收藏价值就越大。三是看画工。一般来讲，作品的画工越好，收藏价值就越大。何谓画工好？用笔自然、用色恰当、没有败笔、画面干净等，都是画工好的表现。

第四节 舞蹈之美

舞蹈是以人的形体姿态和动作为主要表现手段，借以表现生命活力、生活激情，以及人们对生活的美好向往等情绪的一种艺术形式。舞蹈欣赏可以使人体会到人生的精彩和生活的美好，激发人的生活热情，振奋人的精神，使人更加热爱生活、更好地生活。

一、舞蹈艺术的基本特点

看微课

舞蹈的特点

舞蹈以人体美为基础，将人体动作作为主要表现手段，通过有节奏、有章法地变换不同的动作姿态，塑造舞蹈艺术形象，使人们通过对舞蹈形象的理解和体会把握舞蹈所表现的思想。概括起来讲，舞蹈艺术主要有以下几个基本特点。

（一）造型性

舞蹈是以人体美为基本审美元素的艺术，舞蹈艺术形象主要是人物形象。换句话说，舞蹈艺术的美首先表现为人的形体美，主要体现于人体的造型美。

舞蹈艺术首先呈现给人们的是充满生命活力的美的人体。不论什么舞蹈，首先跃入观众眼帘的是舞蹈演员匀称健美的形体和与之相关的局部身体特征，如表现男演员强健有力的臂膀、胸肌、腿部力量感（图5-4-1），表现女演员温柔美丽的婀娜多姿的体态、优美迷人的曲线、纤纤玉手、美胸秀肩等（图5-4-2）。

图5-4-1 汉代男舞俑

图5-4-2 隋代·釉女舞俑

在舞蹈艺术中，表演主体的形体美主要是通过舞蹈造型展示出来的。值得注意的是，舞蹈造型虽然有着与雕塑相似的象征和暗示意义，但它与雕塑的静态性不同，是一种动态的造型艺术。具体地讲，舞蹈形象始终处在运动状态中，即运用一定的线索将一个个造型连接起来，并且使其具有前后相继性，借以塑造出各种活生生的动态形象。换句话说，舞蹈的造型不仅是人物形象的静态造型，更主要的是动态造型，是和人体动作相结合的造型美。

（二）动作性

无论什么样的舞蹈，其基本的因素都是动作姿态、节奏和表情，而其中最主要的是人体动作。没有动作，就没有舞蹈。

舞蹈动作是一种具有审美特性而富有技巧性的人体运动，举手投足要能够给人以美感。与此同时，舞蹈动作又不同于一般的人体动作，而是一种活生生的艺术表现手段。如图5-4-3的舞蹈动作通过轻灵舒展的舞姿和欢快的节奏表现生活的多姿多彩，使观众感受到生活的美好，继而产生对美好生活的向往之情。图5-4-4通过欢快的舞蹈动作展示生命的活力，激发观众的生活热情，振奋其精神。

图5-4-3　唐代彩绘陶女舞俑　　　　图5-4-4　五代陶舞俑

舞蹈动作的产生主要有两个途径：一是对生活动作的典型化处理，二是对自然的模仿。

生活中自然性的动作一般没有象征和暗示意义，所以不能直接用于思想表达。这就需要对其进行艺术加工，使之成为舞蹈化的动作，也就是成为有节奏的、具有造型美的、富有表现力的动作。对生活中自然性的动作的加工也就是我们在艺术创作理论上所讲的典型化。如图5-4-5这个象征着携手奋进的动作是以现实生活中的携手、迈进、展望等多种自然动作为基础，经过艺术加工和巧妙组合而创造出来的。

为了既充分展示人体美的特征，又清楚明白地表达舞蹈思想，舞蹈创作者常常模仿人们所熟知的事物的形态来创造出一些舞蹈动作。这样既可以使整个舞蹈充满意趣与活力，又可以使舞蹈动作的象征和暗示意义更加明显。例如，为了表现女性的婀娜多姿，模仿风摆细柳的情态，以腰臂柔和的扭动表现出形体的匀称美、曲线美，乃至女性的温柔美；为了表现男性的刚健，模仿骏马奔腾或鹞子翻身等情态，将生命的活力充分地展示出来。此外，还可以通过模仿兰花的形状表现手指的秀美，模仿鸟的飞翔姿态表现身体的轻盈（图5-4-6）等。

图5-4-5　携手并进　　　　　　　　　图5-4-6　轻盈优美

不管是哪一类动作，一般都具有两个特性：一是能够展示出人体美的特征，表现出生命活力；二是有明确的象征和暗示意义，能够很好地表现舞蹈主题。

（三）节奏性

动作与节奏是一对孪生兄弟，只要有动作就有节奏。舞蹈是动作的艺术，因此，舞蹈也离不开节奏。舞蹈节奏就是舞蹈动作在力度的强弱、速度的快慢、能量的增减，以及幅度的大小等方面的对比和变化。舞蹈动作的连续性决定了它必须在一定的节奏下进行，即必须通过节奏的速度、力度、能量及抑扬顿挫等来表达思想。可以说，没有节奏就不可能有动人的舞蹈。节奏既是表达内在情感的基础，又是构成舞蹈艺术的要素之一。

相同的动作，由于节奏的不同，可以表现出不同的情绪和情感，表达出不同的思想内容。如图5-4-7，同样是表现悲伤之情的动作，动作节奏的幅度、力度不同，所体现出来的情感的强烈程度不同。又如图5-4-8，同样是翩翩起舞的动作，动作节奏的速度不同，表现出来的人物性格不同——动作节奏舒缓，表现人物性格的文雅与温和；节奏欢快，表现人物性格的开朗活泼。

舞蹈节奏分为内在节奏和外在节奏两种。内在节奏是指人的各种情绪和情感在人的肌体内部所引起的节奏反应。外在节奏是指与舞蹈配合的音乐节奏、画外

图 5-4-7　悲伤

图 5-4-8　翩翩起舞

音的语速,以及场景的变换节奏等。内在节奏一般体现于动作的快慢、幅度的大小、力度的强弱等。外在节奏不仅可以通过音乐节奏的快慢、声音的强弱、场景的变化来表现,而且还可以通过其他演员的配合等手段来表现。

(四) 抒情性

任何一种艺术形式都离不开抒情。抒情是舞蹈艺术的灵魂。阮籍在《乐论》中说:"歌以叙志,舞以宣情。"《毛诗序》说:"诗者,志之所之也,在心为志,发言为诗。情动于中而形于言,言之不足,故嗟叹之,嗟叹之不足,故咏歌之,咏歌之不足,不知手之舞之,足之蹈之也。""手舞足蹈"是感情自内心喷发而出的一种表现。这也就是说,情感是舞蹈形成的根源、基础、出发点和落脚点。

人类借以抒情的语言主要有两种,一种是口头语言,一种是体态语言。口头语言是一种听觉语言,体态语言是一种视觉语言。舞蹈是运用体态语言进行抒情的一种艺术形式。说得具体一点就是,舞蹈运用面部表情、手势、形体姿态、肢体动作等具象性的体态语来表达思想、抒发感情。由于各种体态语都是以活生生的形象出现的,因此,舞蹈的抒情不仅生动形象、富有意境,而且审美性和感染力都极强,既能给观众以强烈的视觉享受,又能够把观众带进广阔的想象空间。

(五) 综合性

舞蹈艺术是以经过提炼加工的动作为主要表现手段,通过节奏、造型等对动作的艺术处理,塑造出具有直观性和动态性的舞蹈形象,表达人们的思想感情的一种艺术样式。

舞蹈是人体艺术,但又不单是人体艺术。舞蹈不仅与音乐艺术高度融合,而且吸收了很多的艺术元素,综合性的特点十分突出。今天,不仅所有的舞蹈都有舞曲伴奏，而且音乐，特别是歌曲也常常借助舞蹈来创造意境。在歌曲演唱中，我们经常可以看到"歌伴舞"的情形，歌舞相衬，优势互补，创造出一种动静结合极富魅力的美妙意境。

随着声光技术的发展，舞台造景更加容易，舞蹈场景的创造和变化更加丰富多彩，灯光、道具、背景音乐等手段的运用更为丰富多样，舞蹈的艺术魅力得到了进一步的提升。

二、舞蹈的分类

舞蹈的分类

交际舞

作为一个大的艺术门类，舞蹈的种类繁多。依据舞蹈的功用来分，舞蹈可以分为生活舞蹈和艺术舞蹈两大类。

生活舞蹈是指人们在日常生活中出于自娱、健身、社交等需要而选用的舞蹈形式。其特点是动作简单、随意，可以即兴发挥，具有广泛的群众性和普及性。其中包括交际舞、广场舞和现代舞等。

艺术舞蹈是指专业或业余演员在舞台上表演的供观众欣赏的舞蹈。这类舞蹈一般都是根据一定的主题表达需要而创作的，舞蹈动作都经过了精心的设计与美化处理，具有较高的技艺水平、完整的艺术构思、鲜明的主题思想、生动的艺术形象。根据舞蹈的表现形式来分，艺术舞蹈可分为独舞、双人舞、群舞、组舞、歌舞、歌舞剧、舞剧等。

根据舞蹈的不同艺术风格来分，舞蹈可分为古典舞蹈、民间舞蹈、现代舞蹈、当代舞蹈和芭蕾舞。

1. 古典舞蹈

古典舞蹈是指在民族和民间舞蹈的基础上，经过艺术工作者提炼、整理、加工改造，并经过长期艺术表演实践获得人们的认可而最终保留下来的，具有典范性和古典艺术风格的舞蹈。

2. 民间舞蹈

民间舞蹈是由广大人民群众在长期的生活实践中集体创造，不断发展和完善，并在群众中广泛流传的一种舞蹈形式。它直接反映人民群众的思想感情、理想和愿望。由于各个民族、各个地区人民的生活方式、文化心态、风俗习惯各有差异，因而民族舞蹈的种类繁多，风格和特色各异。如我国的民间舞中，不仅有秧歌舞、花灯舞、龙灯舞、狮子舞等，还有蒙古族的安代舞、筷子舞、盅子舞；藏族的锅庄舞、弦子舞；维吾尔族的赛乃姆、多朗舞；朝鲜族的扇子舞、长鼓舞；瑶族的铜鼓舞；傣族的孔雀舞；苗族的芦笙舞；彝族的阿细跳月等。真可谓百花齐放，百舞争辉。

现代舞

3. 现代舞蹈

现代舞蹈是19世纪末20世纪初在欧美兴起的一种舞蹈流派，其特点是摆脱了古典芭蕾过于僵化的动作程式，以合乎自然运动法则的舞蹈动作，自由地抒发人的真实情感，反映现实社会生活。

4. 芭蕾舞

芭蕾舞是一种欧洲古典舞蹈。芭蕾舞孕育于意大利文艺复兴时期，17世纪后半叶开始在法国流行并逐渐职业化，在不断革新中风靡世界。芭蕾舞最重要的一个特征即女演员表演时以脚尖点地，故又称脚尖舞（图5-4-9），代表作品有《天鹅湖》《仙女》《胡桃夹子》等。

图5-4-9　芭蕾舞剧《白毛女》剧照

三、舞蹈的欣赏要点

舞蹈是展示生命活力、展现人体魅力和表现生活激情的造型艺术，舞蹈之美首先表现为生命之美、运动之美、健康之美，其次表现为造型美和动作美，再次才是技艺美。因此，舞蹈欣赏首先是感受生命活力、体验生活热情，然后是欣赏舞蹈技艺和把握舞蹈主题。

（一）感受生命活力

世界上宝贵的东西很多，生命为最，生命之美又以健康为最。人健康的标志，一是富有活力，二是快乐，三是热爱生活。舞蹈艺术通过展示生命的活力，使人们看到生命的美好和人生的快乐，借以激发人们的生活热情。因此，欣赏舞蹈艺术，首先是感受生命活力。怎样感受呢？主要是通过舞蹈动作来感受。在舞蹈中，演员的跳跃、旋转和屈伸等动作都能够显示出活力。与此同时，各种动作的轻盈、欢快、有力等都能使人感受到健康与活力。

（二）欣赏舞蹈造型

形体美是人体语言最本真的一面，也是舞蹈艺术最能打动人心的地方之一。面对身材匀称、曲线优美或肌肉强健的演员，谁能不喜欢呢？这是一种自然本能。舞蹈创作者正是利用了人们这一自然的审美心态，精心地设计出各种优美的人体造型，把人体的自然美充分地展示给观众，诱发其喜爱之情，振奋其精神。因此，欣赏舞蹈很重要的一个着眼点就是舞蹈造型。

对舞蹈造型的欣赏，实际上是对人体美的欣赏。它可以使人真切地感受到生命之美、青春之美等，激发人的生活热情，振奋人的精神，唤起人对美好生活的向往和追求。

（三）鉴赏动作技巧

舞蹈技艺的欣赏主要是舞蹈动作的欣赏。舞蹈是一门艺术，它主要是通过对生活动作的典型化来反映生活，表达一定的主题思想。典型化的一个重要方法是各种动作技巧的运用。在舞蹈表演中，演员时不时地做出诸如跳、翻、转等技术性很强的高难度动作，以更好地表现生命的活力与激情，增加新奇性和观赏性。有了这些高难度的动作在其中烘托气氛、渲染情绪和画龙点睛，观众的情绪很容易被感染，想象力很快被激活，继而获得强烈的美感体验。因此，对舞蹈动作技巧进行鉴赏是舞蹈欣赏的一个重要切入点。

（四）把握舞蹈主题

舞蹈借助于人体造型诱发人的想象和联想，使观众通过想象与联想将舞蹈艺术造型与现实生活联系起来，从而把握舞蹈所抒发的感情和表达的思想。这其中，最关键的一点是理解和把握舞蹈造型的象征与暗示意义。

那么，怎样才能正确理解和把握舞蹈造型的象征与暗示意义呢？首先要从一系列连贯的舞蹈动作中捕捉到那些表现舞蹈主题的造型。舞蹈造型常常表现为一系列连贯动作中相对静止的瞬间停顿，或者说短暂的"亮象"。因此，舞蹈欣赏要善于从一系列连贯的动作中捕捉到那些用来表现舞蹈主题的相对静止的瞬间，即舞蹈造型。其次是联系生活，弄清楚舞蹈造型的基本构成。因为舞蹈造型有的是人们生活姿态的典型化，有的是事物美好形态的模仿，两者的表意方式有所差异，所以，只有弄清了舞蹈造型的基本构成，才能透彻理解其表达的意思。再次是根据舞蹈造型的基本构成分析其象征和暗示意义。如图5-4-10这一舞蹈造型，俩人均作鸟儿飞翔的姿态，暗示了比翼双飞、乐观进取的主题。如图5-4-11这一舞蹈造型是模仿孔雀的姿态——因为孔雀被喻为"百鸟之王"，是吉祥、善良、美丽、华贵的象征。所以，这一舞蹈造型象征着美丽与吉祥。

图5-4-10 比翼齐飞

图5-4-11 孔雀舞

第五节　戏剧之美

戏剧是一门综合艺术。它以表演艺术为中心，融合了文学、音乐、舞蹈、美术等多种艺术元素。

戏剧艺术与音乐、舞蹈结合起来，成为歌剧、舞剧或歌舞剧。在歌剧或舞剧中，情节的因素比较简单，以便于更充分地发挥歌唱或舞蹈艺术的特长。

在整个戏剧艺术中，中国戏曲占有特殊地位。它是把戏剧的内容与歌舞的形式高度结合起来的一种特殊的戏剧艺术种类。

一、戏剧的一般特点

戏剧通过演员的表演展示剧中人物的性格、表现环境和故事的发展过程。在表演时，演员与观众的距离较近，观众可以直接感知和亲身体验剧作反映的生活。正因为戏剧用真人形象直接打动观众，所以具有很强的艺术感染力，容易为大众所接受。戏剧的一般特点主要表现为以下五点。

戏剧的特点

（一）综合性

戏剧是由演员扮演角色，运用多种艺术手段，在舞台上当众表演故事的一种综合艺术。它既综合了文学、舞蹈、音乐、美术等多种艺术元素，又借助于各种艺术的和非艺术的手段，如利用灯光、道具、服装、布景等来美化戏剧场景、制造舞台气氛和增强戏剧效果等。

（二）表演性

戏剧以演员的表演为主要表现手段，在特定的空间和时间内，通过演员的对话、歌唱或动作等叙述故事或制造戏剧气氛。

（三）矛盾冲突

戏剧的本质特征在于直接、集中地反映社会生活中的矛盾冲突。矛盾冲突既是情节发展的主要线索，也是刻画人物性格的主要手段。没有冲突，就没有戏剧。例如，中国传统剧目《窦娥冤》就是通过正直善良、性格坚强的窦娥与恶棍、昏官之间的一系列矛盾冲突来展开戏剧情节，塑造窦娥这一人物形象的。

（四）虚拟性

戏剧要在有限的舞台空间内表现生活场景，不可能照搬或按照原型复制现实生活中的景象，只能采用象征或虚拟的手法来表现。这一点在中国传统戏曲艺术中表现得更加突出。例如，演员拿着桨表示走水路，通过演员模拟上船和划船的动作，观众便能感觉到剧中人物在划船。

（五）动作性与对话性

戏剧艺术虽然也要利用其他各种艺术的表现手段和表现方式，但还是以自己特殊的表现方式为主。例如，动作和对话在话剧艺术中居于支配的地位，而其他艺术媒介，如绘画所用的色彩、线条等都从属于前者，为行动中的、有思想的、特定的人物和冲突的再现服务。

二、戏剧的分类

看微课
戏剧的分类

戏剧的种类繁多，可以从不同的角度、依据不同的标准进行分类。常见的分类方法主要有以下四种。

从戏剧冲突的性质和其产生的戏剧美学效果来划分，可以分为悲剧、喜剧和正剧。

悲剧所表现的主要是人们的各种不幸，在具体作品中通常表现为正面人物的失败或死亡。由社会原因造成的这一结局，称之为社会悲剧；由自身性格原因造成的这一结局，称之为性格悲剧。

喜剧的特点是善于在描述对象的本质和现象、内容和形式的矛盾中捕捉笑料。笑是喜剧应有的戏剧效果，它让人们在笑声中否定生活中恶的、腐朽的、荒谬的、落后的事物，肯定美好的、积极的合理的、先进的事物，在笑声中获得教育。喜剧分为讽刺性喜剧和歌颂性喜剧等。闹剧也是喜剧的一种，特点是专门运用比一般喜剧更为夸张的手法，追求所谓的"滑稽"的艺术效果。

正剧是最接近社会现实、最普遍、最主要的一种戏剧样式。它的内容有悲有喜，悲喜结合，一般用于反映严肃的社会生活题材。正剧的戏剧冲突是反映社会生活中正面力量与反面力量或落后势力之间自觉的斗争和冲突，冲突的结果总是以正面力量的胜利或预示着胜利而告终。

从戏剧作品艺术表现形式来分，戏剧可以分为歌剧、舞剧、话剧和戏曲等。

歌剧、舞剧和话剧都是"洋为中用"，表现形式较为单一。歌剧以歌唱为主，说白和舞蹈较少；舞剧以音乐作为衬托，靠舞蹈动作表现主题，几乎没有歌曲和说白；话剧以说为主，偶有歌舞穿插其中。具有民族特色的戏曲是我国传统的戏剧形式，它将唱、念、做、打等各种艺术手法并用，实现了歌、舞、剧几个方面的完善统一，具有极强的艺术感染力。

从剧本的容量和场景设计来分，可分为多幕剧和独幕剧。

按照题材的不同，可分为历史剧、现代剧、儿童剧、童话剧等。

三、中国戏曲艺术的特点

中国戏曲艺术既具有戏剧的共同特点,又因不同的表现手段而区别于话剧等其他戏剧种类,具有自己的特点。

(一)讲究唱、念、做、打

唱、做、念、打是中国戏曲的突出特点。唱功中,行腔转调,发音吐字,都有一定规矩和要求;念白分韵白和散白,都具有音乐性;做工有手、眼、身、法、步,都要经过专门的严格训练;武打要干净利落,稳妥准确,轻捷灵便。

(二)表演程式化

表现手段的程式,也是戏曲艺术的重要特点。特别是在古典戏曲中,上下场,唱、做、念、打和音乐伴奏,以及服装、化妆(图5-5-1)、布景、道具等,都有一定规矩,这就叫作"程式",如武打有许多固定的套子,对白有程式,唱腔有板式,舞也有程式。在演一出戏时,如何运用手势、如何运用眼神(图5-5-2)、身体如何动作、头发如何甩动、步子怎样走,都是有讲究的。连怎样表现人物的喜、怒、忧、思、悲、恐、惊等感情,也全都提炼美化成一套完整程式。程式是戏曲区别于话剧等其他戏剧艺术的主要特点。在现代戏曲中,有些程式已被打破。

图5-5-1 化妆

图5-5-2 身法和眼神

(三)表演和表现的虚拟性

从表演的角度看,在戏曲舞台上,采取上下场的分场方法,可以自由地处理舞台的空间和时间。舞台上的地点和时间随演员的表演而变动,演员离开舞台,

看微课

中国戏曲艺术的特点

地点和时间就不存在了。如越剧《十八相送》中梁山伯送祝英台，从书亭到长亭，走了十八里，一路上穿村庄、过小桥、傍井台、进庙堂，眨眼之间场景数变。

从表现的角度看，戏曲舞台上的很多景物和人物动作都是虚拟的，如以鞭代马、持桨当舟等虚拟动作，可以使人联想到骑马、行舟等。与此同时，伴随着人物的虚拟动作，观赏者的大脑中会因联想而产生出高山、平地、江河、湖海、厅堂、卧室等场景，瞬息之间，厅堂、卧室又可转化为长街、小巷等。

（四）音乐性

相对于话剧而言，戏曲艺术富于音乐性。戏曲表演要运用唱、念、做、打诸种艺术手段，每一种手段都与音乐有着不可分离的关系。唱，本来就是一种音乐的表演手段，这自不待言。念白虽不是歌唱，却要有音乐性，要求在声调上有抑扬、有顿挫，在节奏上能与歌唱相协调。至于做功、武打，这都属于形体动作，但戏曲舞台上的形体动作又不是生活动作的直接模仿，而是具有舞蹈性的表演，它是强烈的、夸张的、富有节奏感的。因此这种形体动作与音乐紧密地结合在一起，融化于音乐的节奏之中。传统戏曲表演要求演员熟悉锣鼓经，亦即各种锣鼓点子的组合形式，身段动作要与锣鼓经合拍；有的演员离开锣鼓的配合就觉得无法动作，情绪无从发挥，也是这个道理。

四、戏剧的欣赏要点

由于不同的艺术形式的构成要素、表现手段、欣赏要点等各不相同，人们从中获得的启示、借鉴和审美体验也各不相同。戏剧艺术以尖锐的矛盾冲突、引人入胜的情节和丰富的人物语言见长，因此，欣赏时应从以下几个方面入手。

（一）分析戏剧冲突

戏剧冲突是戏剧艺术表现人物性格和人物相互间关系的主要手段和途径。每一个主要角色的性格特点、角色与角色间的相互关系都会在戏剧冲突中充分而清晰地表现出来。分析戏剧冲突，可以准确地把握人物的性格、弄清剧中人物的关系，从而准确把握戏剧作品的主题。

例如，曹禺先生的《雷雨》。该剧的第一幕是情节的开端。一开始剧中的主要人物依次登场：大少爷周萍为摆脱继母繁漪的纠缠要离家出走，可心里又惦记着侍女四凤；繁漪为留住周萍，让侍萍来家带走四凤；四凤恐惧不安，鲁贵自以为能保护女儿；周朴园在家中厉行封建家长的规矩，使繁漪等人产生心理抗拒而更加肆意妄为。这第一幕中周鲁两家人之间潜藏几十年的矛盾就初露锋芒。第二、第三幕情节极速发展，周朴园与侍萍、鲁大海的矛盾，繁漪与周萍的矛盾，鲁大海与周萍的矛盾等都已经无法调和。第四幕以周朴园揭秘剧中人物身世为引线，燃爆了整个剧情，导致了一场彻底的大悲剧、大覆灭。全剧紧凑、激烈的戏剧冲突，使得剧情发展犹如疾风骤雨，一泻而下。

（二）分析戏剧情节

戏剧的情节安排常常是偶然性与必然性的结合，好的戏剧情节曲折、生动、构思巧妙，出乎人的意料，又合乎事情的情理。如《雷雨》，侍萍遭受周朴园的遗弃后远走他乡，本想永远忘掉这段伤心的记忆，不料30年后，女儿竟又来到同一个周家，和母亲有了相同的遭遇。分析戏剧情节，不仅可以弄清楚故事的来龙去脉，而且可以理顺作品的思想线索，从而实现对作品正确的、深透的理解。

戏剧艺术要在两三个小时内记述一个完整的故事、塑造生动感人的戏剧人物、反映丰富的社会生活，这就要求剧作家必须会讲故事。这个故事首先要好看、能吸引人。那么，怎样在很短的时间内，成功讲述一个精彩的、吸引人的故事呢？剧作家常常在生活中的"必然性"与"偶然性"上做文章。由生活中的必然性事件，来反映一般的生活现象与事理，由偶然性事件来突出戏剧冲突，深入揭示人物性格和剧作主题。两者的有机结合，就是我们所谓的"巧合"。"巧合"的设计往往是构成"观赏性"的重要因素。

我们仍以《雷雨》为例。剧中，周鲁两家人的恩怨跨越30年。30年后，周朴园与梅侍萍如何再次见面，无疑是全剧剧情发展的基础和关键。剧中为此安排了多重"巧合"。这些巧合既出意料之外，又在情理之中。围绕剧情主线的巧合有：三十年后，侍萍的丈夫鲁贵与女儿四凤服侍的主人，恰是30年前狠心抛弃侍萍的周朴园；侍萍与周朴园的儿子周萍，正热恋着的对象不是别人，恰是四凤；周萍又因与继母繁漪存在暧昧关系，急于离家出走；侍萍与鲁贵的儿子鲁大海恰又在周朴园的矿上做工，并在侍萍来到周公馆的这一天，正等在门房代表矿上工人要与周朴园谈判；周朴园与繁漪的儿子周冲还暗恋四凤。全剧的巧合尚不止这些构成剧情的大情节，更有具体场景中细微地方的许多巧合，更加突出了情节方面独具匠心的构思。

（三）分析戏剧场景

一部戏剧作品要在两三个小时之内和几个有限的场景里面表现剧中人物几年、几十年的人生遭遇或命运，其关键在于场景的设置与选择。场景设置与选择得好，承载量就大，包含的内容就多，思想表现力就强。分析戏剧的场景设置，借鉴其裁取生活横断面、浓缩人物与矛盾冲突的方法，可以培养我们选材和剪裁的能力。

通常戏剧借助剧中人物的上场、下场来表现时间、空间的转换和情节的推进。但是仅仅凭借简单的上、下场动作，难以展现更多的意义内涵，且人物的上下场也不能过于频繁。因此，需要配合高度集中化的舞台场景设置，来丰富情节的表现力。场景设置要含有丰富的潜台词，能高度浓缩人物命运、展现戏剧冲突、体现剧作主题。例如《茶馆》一剧，大场景只有一个，就是裕泰茶馆的内堂，具体场景突出了不同时代背景下的茶馆内部环境。下面我们来欣赏第三幕的场景设置。

> **例**《茶馆》第三幕场景
>
> 裕泰茶馆的样子可不像前幕那么体面了。藤椅已不见,代以小凳与条凳。自房屋至家具都显得暗淡无光。假若有什么突出惹眼的东西,那就是"莫谈国事"的纸条更多,字也更大了。在这些条子旁边还贴着"茶钱先付"的新纸条。

凳子、纸条等细节显示出抗日胜利后,国民党统治时期茶馆的生意日益凋敝,以及人们生存的艰难。"莫谈国事"旧纸条依旧,"茶钱现付"的新纸条的显眼,具有丰富的潜台词,十分耐人寻味。

(四)品味戏剧台词

戏剧的根本特点是通过剧中人物的语言来塑造艺术形象,揭示人物的性格,表现矛盾的冲突,展现作品的思想和主题。其语言个性化十分突出,表现力极强,多读、多分析戏剧台词,是提高我们语言运用能力的一个十分重要且有效的途径。

人物台词在戏剧中有三种具体形式,包括人物对白、独白和旁白。歌剧中的歌词和中国传统戏曲中的唱词,是台词的另一种表现形式。

对白,是剧本中角色之间相互的对话,是戏剧台词的主要形式。

独白,是角色在舞台上独自说出的台词,是把人物的内心感情和思想直接倾诉给观众的一种艺术手段,往往在人物内心活动最剧烈、最复杂时使用。

旁白,是角色在舞台上直接说给观众听的,而假设不为同台其他人物听见的台词。内容主要是对对方的评价和本人内心活动的披露。

欣赏戏剧艺术中的台词,需把握住两个关键点:一是欣赏人物台词的个性化表达。人物台词是塑造戏剧人物最有力的手段。在优秀的剧作中,人物各自说着自己的话,不会出现千人一面、千部一腔的人物台词。观众透过戏剧人物的寥寥数语,就可知晓人物的身份、地位,了解人物的思想、个性等隐含的信息。特别是在特定戏剧场景中,个性化的人物台词对塑造立体、鲜明的戏剧形象起到至关重要的作用。二是欣赏人物台词的动作性表达。人物台词的动作性,是指台词语言不仅是人物说的话,而且还要通过个性化的台词,传达人物内心的情感起伏、变化等。台词语言配合人物外在的神态动作,更深层地表达矛盾冲突。

第六节 影视之美

影视艺术是所有艺术门类中最年轻、最具活力的一门艺术,它运用现代科技

手段将各种艺术元素有机地组织起来,表现更为丰富的生活内容,具有更加强大的思想影响力和情绪感染力。今天,影视艺术已经成为人们日常生活的精神快餐,是人们平时接触最多的一种艺术。

一、影视的艺术特点

影视艺术融合了文学、音乐、美术、表演等多种艺术元素,以现代科技手段为技术支撑,具有极其丰富的表现力和强大的艺术感染力,其内容又与人们的生活距离最近,因此深受人们喜爱。概括地讲,影视艺术的特点如下。

(一)综合性

影视艺术是利用现代高科技手段将多种传统艺术元素进行有效整合而形成的一种新的综合性的艺术形式,其中不仅包含着文学、戏剧、音乐、舞蹈、建筑等多种传统艺术元素,而且又集纳了摄影、化妆、服饰、置景、空间设计等各种实用艺术元素,是视听综合、时空综合和媒介综合的产物。例如,观看电视连续剧《西游记》"趣经女儿国"一集,既可以欣赏其中的服装艺术、音乐艺术、表演艺术,还可以欣赏其置景、摄影和语言艺术等。只要认真观赏,可以从中获得多方面的艺术享受。

从表现手段来看,影视艺术综合运用了声、光、电、化学等各种科技手段来丰富自己的表现力。例如,利用化学技术制作烟火效果表现战争场面。从一定意义上讲,科学技术的快速发展直接推动了影视艺术的发展。今天影视剧中的快镜头、慢镜头、特技、超动感设计等,比真实的生活现象更具视觉魅力。这些都要仰仗现代科技的支撑。

从内容方面来看,影视艺术的笔触可以伸向无穷的空间,并且具有无与伦比的题材统摄能力。杂技、体育、武术、魔术、军事、刑侦、科幻、心理等各种题材都可以在影视作品中得到真实、生动、细腻的表现。

(二)视听性

影视艺术是一种以视觉形象和听觉声响为主要表现手段的视听综合艺术。相对于文学、音乐这两种具有时间性、想象性的艺术而言,影视艺术主要是空间性、具象性的视觉艺术,影视作品的一切思想内涵都是通过视觉影像表现出来的。在视觉影像的基础上,音乐的使用可以进一步加强影视作品的感染力。例如,在电视连续剧《三国演义》的"桃园三结义"这一集中,刘备、关羽和张飞对天盟誓的时候,《这一拜》的音乐响起不仅加强了视听上的联动,而且烘托了感人的气氛。

影视艺术的视觉美不仅来自自然与生活本来就有的审美因素,而且还在于利用光线、色彩、影像等对自然美的提炼、凸现与升华。此外,因为人的感官一生所接收的外界信息总量80%以上来自视听觉,并且人的审美体验活动主要依靠视听觉。因此，影视艺术就自然而然地成为人们最喜爱的一种艺术形式。

（三）故事性

影视艺术对生活的反映主要是通过讲故事来实现的，一部影视剧的内容质量主要是由故事来决定的。具体地讲，一部影视剧能不能感动人、能不能激励人、能不能启发人等，都取决于故事的内容。因此，不论是影视编剧，还是影视的表演和拍摄制作，都要想办法把故事讲好。

因为影视作品讲述故事是通过镜头来进行的，不能像文学作品那样细致入微和尽情铺排，所以，影视作品中的故事一般矛盾冲突比较集中和突出，悬念的解释相对较快。与此同时，"节外生枝"的穿插方法运用得比较普遍。

（四）直观性

影视艺术具有一定的戏剧性，但其与戏剧有很大的不同。戏剧演绎故事是在舞台上进行的，受舞台空间的限制，绝大部分场景都是模拟性的。影视艺术对生活进行反映所采用的摄影技术及影像设备的可移动性，决定了影视艺术完全可以通过实景来表现自然和反映生活。因此，在所有的艺术形象中，影视艺术形象最具直观性，最易为人们所感知和理解。

真实地反映生活，是一切艺术都必须坚持的原则。在众多的艺术形式中，影视是最能客观地反映自然和生活本来面目的一种艺术形式。影视艺术的基本表现形态，是由活动的、绘声绘色的画面组接而成的影像，和其他艺术相比，影像更接近于社会生活的原本状态，因此影视艺术更能直观地反映生活。

（五）大众性

相关链接

因为影视艺术以人物、场景、台词和音乐等为主要构成元素，通过一定的故事表现思想，这些元素都为人们所熟悉，因此影视艺术是一种大众化的艺术。一般好的影视作品，对于其目标观众而言，不仅人人看得懂，而且看了都会有收获。例如情景喜剧《我爱我家》，不论是哪个层次的观众看，都能从中看到精彩，从而获得审美享受。

二、影视的基本表现手段

影视艺术既是一门综合艺术，也是一种大众艺术。它以人们易于感知和理解的画面作为主要表现形式，以意义明确的文学语言作为思想载体，以音乐增强感染力，以故事情节和矛盾冲突引人入胜，采用蒙太奇的手法将一个个镜头组合在一起，从而达到思想表现的目的。影视艺术的基本表现手段主要有以下几种。

（一）场景与镜头

这里所讲的场景是指影视作品中的各种场面，场景一般由人物活动和背景等元素构成。影视剧中的场景一般分为远景、全景、中景、近景和特写五种。

1. 远景

远景是指表现远距离景物和人物的一种画面，其中也包括大远景。远景画面（图5-6-1）可使观众看到广阔深远的景象，以展示人物活动的空间背景或环境气氛；还宜于表现宏大的场面，如硝烟弥漫的战场、人如潮涌的游行示威、千军万马的对阵厮杀等。

图5-6-1　远景

大远景（图5-6-2）比远景视距更远，适于展现更加辽阔深远的背景和浩渺苍茫的自然景色。这类镜头，或者没有人物，或者人物只占很小的位置，犹如中国的山水画，着重描绘环境的全貌，给人以整体感觉。大远景在影片中主要用以介绍环境、渲染气氛。

图5-6-2　大远景

远景具有广阔的视野，常用来表现事件发生的时间、环境、规模和气氛。比如表现开阔的自然风景、群众场面等。远景画面重在渲染气氛、抒发情感，而不注重人物的细微动作。远景中的人物有时还做点状处理，所以不能用于直接刻画人物，但可以用来表现人物的情绪，因为影视画面是通过画面的组接来表情达意的，借助一个个组接画面，远景也可以含蓄地表达人物的内心情绪。

2. 全景

全景是指被摄主要对象占满画面主体部分的场景，即表现人的全身或一个场景的全貌画面。全景画面（图5-6-3）与远景相比有明显的内容中心和结构主体，重视特定范围内某一具体对象的视觉轮廓形状和视觉中心地位。

图5-6-3　全景

人是影视艺术所表现的主体，完整地表现人物的形体动作即人物性格、情绪和心理活动的外化形式是全景画面的功用之一。全景画面能够完整地表现人物的形体动作，并借此反映人物的内心情感和心理状态。

环境对人物具有说明、解释、烘托、陪衬的作用。全景将被摄主体人物及其所处的环境空间在同一个画面中进行表现，可以通过典型环境和特定场景表现特定的人物。

3. 中景

中景是指将被摄对象的主体部分纳入画面的景象类型，表现人体膝盖以上或场景局部的画面一般都是中景。较之全景而言，中景画面中人物的整体形象和所处环境居于次要地位，它更重视具体的动作和情节。中景能够使观众看到人物膝部以上的形体动作和情绪反应，有利于交代人与人、人与物之间的关系（图5-6-4）。

4. 近景

近景是表现人体胸部以上或物体局部的画面，是一种近距离观察人物或物体的景别。这种画面能使观众看清人物的面部表情或局部形体动作，有时也摄取景物的某一部分。近景的视距比特写稍远，有些摄取人物腰部以上的镜头，人物上半身活动和面部表情占据画面显著地位，成为主要的表现对象（图5-6-5）。

在影片中，为了强调人物的表情和重要动作常运用近景。近景和特写的作用有相似之处，即视距近、视觉效果鲜明、强烈，可对人物的容貌、神态、衣着、仪表作细致的刻画。

图5-6-4　中景镜头

图5-6-5　近景镜头

5. 特写

特写是影视中拍摄人的面部、人体的局部、一件物品或物品的一个细部的镜头，即视距最近的镜头。特写镜头由于视距短近，取景范围小，画面内容单一、集中、突出，能把所表现的对象从周围环境中凸显出来、放大，因此可以形成强烈和清晰的视觉形象，起到强调的效果（图5-6-6）。

影视中的特写是突出和强调细节的重要手段，它既可通过眼睛的顾盼、眉梢的颤动及各种细微的动作和情绪的变化揭示人物的心灵，也可把原来不易看清或容易忽视的细小东西加以突出、赋予生命，或借此刻画人物、烘托气氛等。

图5-6-6　特写镜头

（二）台词与音乐

台词是指影视剧中各种角色所说的话。台词既是用以展开剧情、刻画人物、表现主题的重要手段，也是影视剧本构成的基本要素。

影视剧的台词具有四个特点：第一，具有动作驱动性，即在有限的表演时间内迅速推开人物的活动，并使之发生尖锐的冲突，以揭示人物的思想、性格、感情。第二，影视台词是性格化的，即根据不同人物的出身、年龄、职业、教养、经历、社会地位及所处的时代等条件，突出人物的语言特征。第三，影视台词比较精练、含蓄，力求用最简洁、最浓缩的词句来表达丰富的内容与深远的意境。

第四,影视台词是口语化的,浅显易懂,富有生活气息,并且亲切自然。

影视音乐不是单一的音乐,而是与影视艺术的视觉影像相联系的特殊的音乐集合体。影视音乐主要由主题音乐、背景音乐、叙事性音乐、情绪音乐、节奏气氛音乐及时空过渡的连续音乐等几个部分构成。影视音乐的片段性、不连续性和非独立性是它区别于其他音乐的重要标志。

影视作品中的音乐,一部分是参与故事情节的有声源音乐,在画面中可以找到发声体,或与故事的叙述内容相吻合;另一部分是未参与故事情节的无声源音乐,主要起渲染情绪、突出主题、刻画人物的作用。

在影视作品中,影视音乐不是自成系统、独立存在的,而是作为一个组成元素为影片主题、人物、情节的塑造和发展服务的。因此,影视音乐不能以强烈的音响去与画面争夺观众,而应以不引人注目却强有力的方式支持画面,正如英国电影理论家林格伦所说的:"因此有一种流行的说法:'最好的电影音乐是听不见的。'"[①]

(三)情节与矛盾冲突

情节和矛盾冲突是影视作品感人的两个关键因素。情节由一系列能够显示人物与人物之间关系的具体事件构成,它把事件的内在联系展现在观众面前,一般包括开端、发展、高潮、结局四部分。

矛盾冲突,也叫戏剧冲突,既是构成戏剧情境的基础,也是展现人物性格、反映生活本质、揭示作品主题的重要手段。矛盾冲突在作品中的表现方式主要有三种:一是表现为某一人物与其他人物之间的冲突,即外部冲突。二是表现为人物自身的内心冲突,即内部冲突。外部冲突与内部冲突有时单独展开,有时则交错在一起,相互作用,互为因果。三是表现为人同自然环境或社会环境之间的冲突。任何一部好的影视作品,其中必定包含着强烈的矛盾冲突,矛盾越尖锐、冲突越激烈,作品就越能吸引人。

(四)蒙太奇手法

蒙太奇手法是指影视镜头的剪辑和组合方法。一部影视剧的制作过程一般是这样的:先将全部要拍摄的内容分切成一个个相对独立又相互依存的镜头,一个镜头一个镜头地单独拍摄,拍摄好之后,再根据故事情节等把它们组合拼接成完整的影片。这种分切与组合方法被称为"蒙太奇手法"。

蒙太奇手法的运用实际上是利用人们的生活经验和想象与联想进行创作。当不同时间、不同空间的画面组合在一起的时候,人们凭借生活经验,通过想象与联想的补充,将其在大脑中再创造成一个完整的故事,从而理解其内容,把握其要表现的思想。

蒙太奇手法是影视制作时最基本的表现手法,具有较强的表现力。

---

① 林格伦.《论电影艺术》[M].何力,译.北京:中国电影出版社,1979:141.

三、影视的欣赏要点

影视集多种艺术元素于一身,并以科学技术为坚强后盾,是最具广泛群众基础的大众化的艺术形式。影视艺术欣赏不仅能够使人获得充分的审美体验和享受,而且可以使人受到道德教育、精神鼓舞和思想启迪等。与此同时,影视欣赏还可以开阔人的视野,发展人的想象力,丰富人的情感,提高人的审美能力和思想分析能力。那么,怎样欣赏影视剧才能获得比较大的收获呢?一般来讲,欣赏影视剧主要从欣赏故事情节、分析人物形象、把握思想内容和鉴赏表现手法四个方面入手,这是基本的欣赏要点。如果能够将写作影视评论和观赏结合起来,欣赏活动就会进入理性的状态,从影视剧中获得的收获会更大。下面来看一下影视欣赏的基本要点。

影视的欣赏要点

(一)欣赏故事情节

影视是用镜头讲故事的艺术。一部影视剧只有把故事讲得条理清楚,讲得生动和感人,讲得扣人心弦,使观众喜欢看,才可能对观众产生良好的思想教育效果和积极的审美影响。因此,欣赏故事是观看影视剧最基本的一个着眼点。

怎样欣赏故事呢?首先,弄清楚故事发生的背景、发展过程、高潮与矛盾冲突和结局等;其次,弄清楚故事所反映的社会问题或提出的人生问题,并考量其普遍性和典型性;三是考量故事在丰富人的思想、完善人的道德、激励人的精神和美化人的情感等方面发挥的积极作用;四是看故事是否感动人、是否激励人、是否鼓舞人,以及是否教育人等,同时看故事是否吸引人和扣人心弦等。把握住了这几个要点,不仅能够把故事看得清楚明白,而且能够从中获得各方面的收益。

相关链接

(二)分析人物形象

从大的层面来看,人是社会生活的主宰;从小的方面来看,人是构成故事的第一元素。影视剧不论是反映社会生活,还是探讨人生,都必须通过人物形象塑造来完成。换句话说,人物形象塑造是否成功既直接决定着影视剧思想表现的成败,也决定着影视剧艺术性的强弱。因此,分析人物形象也是欣赏影视剧的一个基本着眼点。

在影视欣赏活动中,怎样正确分析人物形象呢?一是弄清楚剧中主要人物的身份、兴趣和志向等;二是厘清剧中的人物关系,弄清楚每个人物的角色类型;三是通过人物的语言、行动和表情等,把握主要人物的性格特点;四是看清楚每个主要人物身上所表现出来的道德和精神;五是分析影视剧在人物形象塑造方面的成功之处。

相关链接

(三)把握思想内容

真正好的艺术作品,不仅要使观众看了轻松愉快,而且要能够使观众思想上有触动、道德上有滋养、精神上有鼓舞等。对于一部影视剧而言,不仅要有引人入胜的故事、血肉丰满的人物形象,而且必须有能够使观众深受教益的思想内

相关链接

容——或者使人的思想受到启发，或者使人的道德得到善化，或者使人的精神得到激励，或者使人的情趣得到陶冶等。在欣赏影视剧时，要善于通过故事和人物形象准确把握影视剧的思想内容，这样才能更好地从中获得教益。

怎样准确把握影视剧的思想内容呢？一是看影视剧的主干故事反映的社会问题或探讨的人生话题。例如，《摔跤吧！爸爸》这部电影提出了一个"人需要有梦想"的问题，围绕这个问题展开故事，启发观众进行多方面的人生思考。二是看剧中主要人物身上所表现出来的道德和精神亮点，以及人生智慧等。三是通过故事发生背景和人物活动环境的分析，理解剧作所表现的思想内容。四是通过陪衬角色和细节镜头等，对剧作的思想内容进行全面的理解。

（四）鉴赏表现手法

相关链接

由于影视艺术的构成元素较多，每一种元素的表现方法各不相同，因此，影视艺术的表现手法是极其丰富的。由于世间事物一理相承，各种方法触类旁通，对影视剧中各种表现手法的鉴赏，不仅可以逐渐增强影视欣赏的能力，而且可以提高基本的写作能力和文学创作能力。与此同时，还可以活跃思维，开阔视野，增强做事能力等。

由于影视艺术是综合艺术，鉴赏其表现手法的最佳方法是划分不同元素，这样不仅易于把握，而且容易看得清楚。具体包括六个方面的内容：一是看故事的编排是否合理、曲折和生动，矛盾冲突的设置是否集中和激烈，故事的发展是否引人入胜，故事的结局是否给人留下思考或是令人振奋等；二是看人物形象是否丰满、性格刻画是否清晰、个性是否突出、人物关系是否清楚、人物身上所表现的道德和精神是否明确和丰富等；三是看镜头是否具有表现力、场景的选择是否恰当、画面是否主题突出和具有视觉美感、镜头的组接是否完美等；四是看人物台词是否合乎人物身份，是否能够有效地表现人物性格，是否生动、风趣、优美和富有哲理等；五是看音乐的配置是否凸显了主题和有效地烘托了气氛等；六是看服装、光效、烟火等元素的使用是否达到了良好的表现效果。

第六章

汉字美

  任何一种文字的产生都是人类智慧的结晶。文字与现实中的事物所具有的对应关系，反映着物理、事理，同时又包含着哲理。因此，文字之美不仅表现在形体上，而且反映在字义中。

  以汉字为例，汉字最初是象形文字，源于事物的具象，形意关系十分密切，可以见形思物、以形知意。凡是用象形法创造的汉字，都能够很快使人将汉字和它所代表的事物联系起来，直接引发人们的想象；用会意法创造的汉字，更多地反映了各种事物间的依存关系，使人们能够据以推知事理、认识社会和人生等。因此，汉字不仅反映了事物的形象，具有形体美的特点，而且反映了事理、包含了哲理，具有意趣美和思想美等特点。

第一节　形体美

看微课
汉字的形体美

从形体的角度来看，因为汉字的创造是通过对事物形体的描摹和对事物特征的再现来完成的，很多汉字的形体实际上是对其所对应的事物形体的高度概括，所以，汉字的形体生动活泼、富于变化，既具有图画美，又富于意趣美。

一、汉字的创造方法

关于汉字的造字方法，许慎在《说文解字》里总结说："一曰指事：指事者，视而可识，察而见意，'上''下'是也。二曰象形：象形者，画成其物，随体诘诎，'日''月'是也。三曰形声：形声者，以事为名，取譬相成，'江''河'是也。四曰会意：会意者，比类合谊，以见指撝（huī），'武''信'是也。"这四种造字方法完全符合人们的认知规律，十分科学。运用这些方法创造出来的汉字不仅形体构造和形义联系的规律性很强，而且识读十分方便。

图6-1-1　甲骨文象形文字与今文对照表

象形是最基本的造字法，方法是用文字的线条或笔画，把字所代表的事物的外形特征清晰地勾画出来，使人一看到字就联想到具体的事物。如图6-1-1所示，"月"字是一弯新月的形状，"鱼"字在整体描形的基础上，突出了鱼鳞与鳍尾，形象特征很明显。象形字来自图画文字，但是图画的性质已大大减弱，象征性大大增强。

指事的造字方法是以已有的象形字为基础，在一定的位置标以象征性的符号来表示意义的造字法。如在"木"字的上部标示一点造出"末"字，在"木"字的下部标示一点造出"本"字；在"一"的上方标示一点造出"上"，在"一"的下方标示一点造出"下"，等等。象形字可以触发人对具体事物的想象，使人在对事物的想象与联想中获得审美认知及审美享受。

象形和指事能够突出事物的特征，易认易记，但它们不能表达抽象的意思。于是，古人们便发明了会意的造字方法。会意字是由两个或两个以上的独体字组成，将每个独体字的形、义综合起来，构成新造字的形、义。如"人"靠在"木"（树）上是劳作累了后在"休"息，"鸟"儿张"口"是在"鸣"叫，等。

象形、指事和会意造出来的汉字都能够从形体上判断出其基本意思，但不能确定其读音。为了解决这个问题，古人们发明了"形声"的造字方法。形声造字法的出现，使汉字走进了一种全新的境地。用形声法造出来的汉字，不论是辨形、识义，还是析音都十分容易。如"姑、妈、姨、奶、姐、妹"等汉字，都是亲属关系中的女性称谓，要凭声"音"的不同确定她们各自的身份。形声字不仅能够唤起人的想象与联想，而且其声韵悦耳，能够给人充分的审美享受。

二、独特的形体构造

就形体的特点而言，汉字是在一个二维平面上构形的。这个二维空间为汉字构件的结合提供了许多区别的因素，除了不同的构件可以组合成不同的汉字以外，相同的构件也可以构成不同的汉字，如"木""林""森"是构件多少的差别造成的，"叶"与"古""杲"（gǎo）、"杳"是构件位置不同造成的，小篆"比""从""北""化"的差别是构件置向不同造成的。这些在二维空间内造成的区别与拼音文字由字母线性排列而结合是不一样的。所以汉字书写灵动自如、形象传神、飘逸潇洒、富有运动感，字的大小、笔画都有一种变化美。因此，汉字的形体是一个重要的审美元素。

三、汉字形体美的基本表现

汉字的形体美主要从两个方面来看：一是从构字原理来看，由象形和会意这两种方法创造的汉字，其形体是事物形象的高度概括，具有情态生动的形象美；二是从文化的角度看，具有稳定结构的方块汉字既体现了中国文化和谐、稳定的思想，又体现了刚健、正直的文化精神。

四、从形体演变看汉字之美

考古发现和出土的大量实物资料以无可辩驳的事实证明：汉字起源于约8 000年前的新石器时代早期，并且从那个时候开始一直延续，不断发展和稳步演变。令人惊叹的是，汉字虽然经过了几千年的发展演变，其象形美的特点始终十分明显。

（一）陶文

近半个世纪以来，我国考古工作者在多个新石器时代的文化遗址中都发现了记事符号，并对这些符号进行系统的比对和研究，同时依据文字的性质对其进行衡量之后，最终以审慎、负责的态度得出结论：大地湾遗址、半坡遗址和姜寨遗址出土的陶器上的刻画符号实际上就是文字。

首先，如图6-1-2、图6-1-3所示，这些符号刻画的位置相同。很显然，刻画者在刻画这些符号时充分考虑到了识别的便利性，这些符号极有可能是器物制作者的名字，或是器物定制者的代号。不论是哪一种情况，这些符号的记事性是毋庸置疑的，从内涵上符合文字的定义。其二，这类符号是成批出现的，是一个符号系统，从外延上符合"文字是人类用来记录语言的符号系统"这一定义。其三，这些符号笔画工整，点画搭配十分讲究，符号特征突出，文字性质十分明显。

图 6-1-2　姜寨刻符陶钵

图 6-1-3　姜寨刻符陶片

（二）甲骨文

中国商代和西周早期以龟甲、兽骨为载体的文献是迄今为止所发现的汉语文献的最早形态。刻在甲、骨上的文字早先曾称为契文、甲骨刻辞、卜辞、龟板文、殷墟文字等，现通称甲骨文。

甲骨文的发现以无可辩驳的事实证明：汉字不仅起源很早，而且早在 3 500 年前就已经形成了十分完备的文字系统。因为一个文字系统的形成有一个十分漫长的过程，甲骨文汉字系统的发现表明，在甲骨文时代以前很久远的时期已有文字。这也给我们提供了参照研究的思路——事实上，在将甲骨文和史前刻符进行认真仔细地比照研究之后，我们更加坚信汉字最晚产生于距今 8 000 年以前。

从现藏于安阳殷墟博物馆的两片甲骨（图 6-1-4、图 6-1-5）所刻文字来看，甲骨文字中的相当一部分和在新石器时代陶器上发现的刻画符号是相同的，如图 6-1-4 所示，最中间的一个字和右上角的一个字与陶器上的刻画符号相同。如图 6-1-5 所示，这片甲骨上的文字一半都与已发现的史前刻画符号相同或极度相似。这说明，甲骨文和已发现的史前刻画符号存在着一种延续关系。

如图 6-1-6 所示，从这块甲骨（现藏于安阳殷墟博物馆）上的文字来看，甲骨文用笔线条严整瘦劲，曲直粗细均匀，笔画多方折，已经为汉字的方块化奠定了基础。从字的结构来看，字形虽大小不一，但比较均衡对称，显示了稳定的格局。而且，这些文字中既有指事字、象形字、会意字，也有形声字。这些文字和现在使用的文字在外形上虽有巨大的区别，但是从构字方法来看，二者基本是一致的。也就是说,到甲骨文时期,中国的文字已经十分成熟。

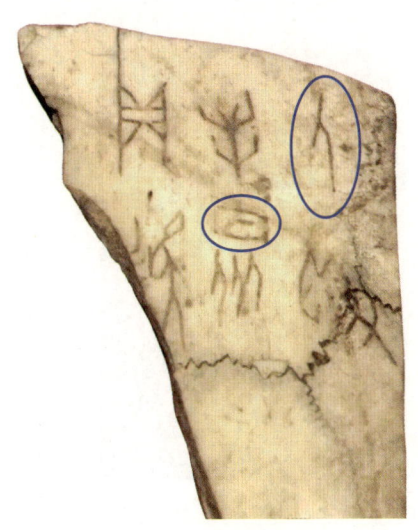
图6-1-4 甲骨文碎片1

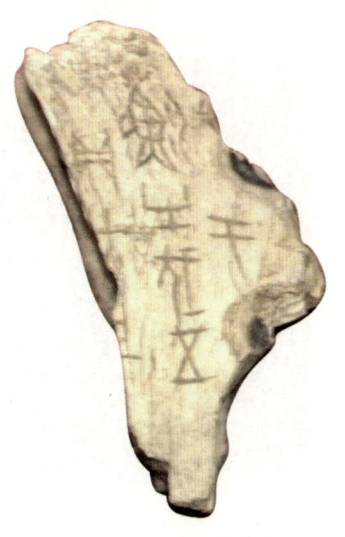
图6-1-5 甲骨文碎片2

图6-1-6 甲骨文碎片3

(三)金文

在距今3 300年左右的商代中期,出现了"金文"。金文是指铸刻在青铜器上的铭文。金文是商周文献的主要记录形式。商周是青铜器的时代,青铜器的礼器以鼎为代表,乐器以钟为代表,"钟鼎"是青铜器的代名词。因此,金文也叫钟鼎文。金文应用的年代,上自商代的早期,下至秦灭六国,约1 200多年。

与甲骨文相比,金文笔道肥粗、弯笔多、团块多,整齐遒丽、古朴厚重。这一大的变化主要是由书写材料和书写手段决定的。因为甲骨文是用锋利的工具刻在坚硬的甲骨上的,自然笔画比较匀细。而青铜器铭文是按照墨书的原本先刻出铭文模范,再翻范铸造出来的,所以翻铸的金文一般都能够在相当程度上体现出墨书的笔意,因此其笔画比较肥厚。

汉字进入金文时代后,形体的演变几乎是裂变式的。商代金文较少,与甲骨文形体比较接近,直线多、圆角少,锋芒外露;运笔上不讲藏锋,起笔与收笔均为尖利,用笔刚健、气势雄浑。这一特点一直延续到西周早期。如商尊内底铭文(图6-1-7),笔画劲健,多为单刀,夹以双刀刻画点线,呈现尖细柔和的清奇风貌。

西周中期,金文趋向成熟,笔画讲究藏锋,结体也注意对称、整齐、虚实、呼应,布局上注意疏密整饬、错落有致。从西周中期一件簋盖上的铭文(图6-1-8)可以看到,西周中期的金文,字的大小趋于统一,笔画匀称,字形已趋于方正。

春秋战国时期,金文的形体、笔画在很多地方开始出现了大的裂变,总的趋向是字体瘦长,笔画均匀飘逸、间隔疏朗、错落有致,风格表现为纤巧飘逸、瘦劲清灵,已显露出汉字今文的形体笔画风格。图6-1-9是战国时期工师纹铜罍（léi）上的铭文。

 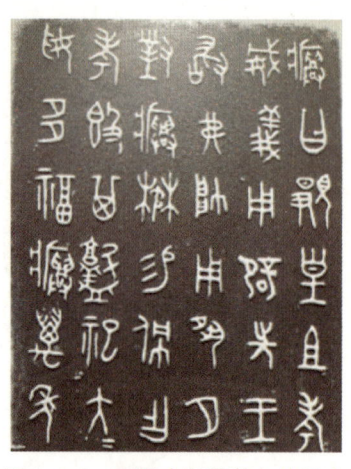 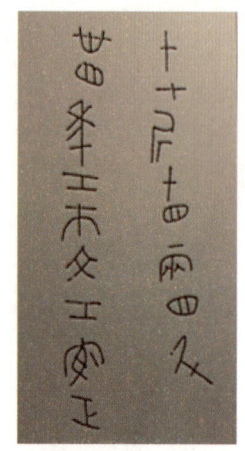

图6-1-7　商尊内底铭文　　图6-1-8　西周中期簋盖上的铭文　　图6-1-9　战国时期工师纹铜罍上的铭文

（四）石鼓文

石鼓文是我国最早的石刻文字，世称"石刻之祖"。现存于故宫博物院的石鼓出土于今陕西省宝鸡市凤翔县，共十只，上面刻有文字。经考证，这些石鼓是秦国的遗物，上面的文字有的已经残缺不全。石鼓文比金文规范、严整，但仍在一定程度上保留了金文的特征，它是从金文向小篆发展的一种过渡性书体。据文献记载，在石鼓文之前，周宣王太史籀曾经对金文进行过改造和整理，著有大篆十五篇，故大篆又称"籀文"。石鼓文是保存比较完整且字数较多的书迹之一。

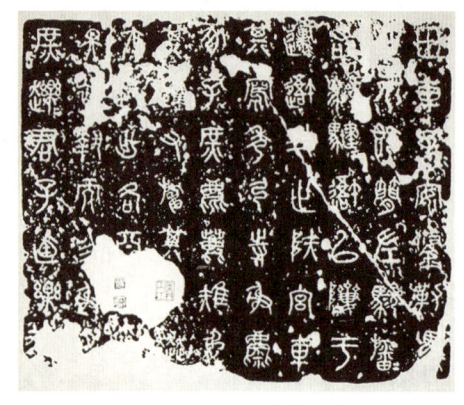

图6-1-10　石鼓文拓片

从石鼓文拓片（图6-1-10）上面的文字可以看到，石鼓文上承西周金文，下启秦代小篆，字形方正，落落大方。横竖折笔之处圆中寓方，转折处竖画内收而下行时逐步向下舒展。用笔起止均为藏锋，圆和浑劲、端庄凝重、笔力稳健。汉字的"方块"特征已经显现出来。

（五）汉字形体的演变

汉字从最初起源时期的史前刻符，经甲骨文、金文、石鼓文几个阶段，历时6 000年的发展，至秦朝建立时，已经形成了形、音、义十分完备的文字体系，兼具表意与表音文字之长，具有超强的文化承载能力。

在汉字持续稳健发展的同时，由于自春秋以来500年的诸侯割据，各地方国自行其政，表现在语言文字方面，出现了言语异声、文字异形的混乱现象。文字形体的混乱、笔画多少的随意性，给汉字的识读造成了困难，这一情况的存在不仅影响书面交流，而且严重地阻碍了文化的传播。因此，秦始皇命李斯对文字进行系统的整理，以增强汉字的文化承载力，加强汉字的文化传播力。

李斯等人以大篆为基础，对其进行省改、简化，同时吸收民间文字中一些简体、俗字体，加以规范，创制出了小篆（图6-1-11）。小篆较之大篆，形体笔画均已省简，而字数增加，这顺应了时代发展的要求。最为关键的是小篆的创制，对汉字进行了历史上第一次系统的整理、规范和定型，汉字的轮廓、笔画、结构基本固定下来，规定了统一的文字，使汉字的识读和记忆更加方便。与此同时，小篆的创制为汉字的整体"隶变"创造了条件。这样一来，汉字的文化承载力大大增强，传播速度加快，为文化的大发展奠定了坚实的基础。

图6-1-11　秦小篆

秦始皇推行"书同文"政策，命令李斯创立小篆后，很快发现了小篆书写速度受限的缺陷，于是便采纳了程邈的建议，将其整理的隶书作为官方文书的使用文字。郭沫若说："秦始皇改革文字的更大功绩，是在采用了隶书。"（《奴隶制时代·古代文字之辩证的发展》）

隶书也叫"隶字""古书"，是在篆书基础上，为适应书写便捷的需要产生的字体。就小篆加以简化，又把小篆匀圆的线条变成平直方正的笔画，便于书写。隶书的特点是结体扁平、工整、精巧。到东汉时，撇、捺等点画美化为向上挑起，轻重顿挫富有变化，具有一种书法的艺术美。隶书的出现是汉字形体的又一次大演变，这次演变使汉字使用的便捷程度大大提高。

东汉初（一说秦代），有一个叫王次仲的人在隶字的基础上创立楷书这一新的汉字书体。到唐代时，汉字的楷体结构已十分完善。这时的楷书形体方正，笔画平直，书写比隶书更加方便。至此，汉字在形体上更为成熟。

第二节　识用美

汉字起源于象形文字，可以察形知义。作为表意文字的汉字，几千年来形义都十分稳定，并且字体的演变延续性很强，因此，即使是上古汉语文字，也极易

辨认，而且很容易弄懂其意思。现在的英国人很难读懂莎士比亚当初写的剧本，是因为语言符号的意义已经发生了巨大的改变。而我们今天不仅能读先秦诸子，甚至能够依据单字的形体构造释读出甲骨文字的意思。这就是汉字的巨大优越性，即汉字的识用美。

一、易学易会、使用便捷

20世纪80年代以前，人们普遍认为汉字难认、难写、难记。今天看来，"三难"只是在一定的历史条件下，人们对汉字的一种错觉。

最初，计算机刚发明的时候，汉字输入一时是个难题。于是，有人就臆断：汉字无法实现计算机输入，终究要被历史淘汰。这种论调一次又一次被信息技术的发展所否定。现在，汉字的计算机输入速度已经远远超过了英文，特别是五笔输入法、联想输入法等方法的出现，使汉字的输入速度显著提升。从另一个角度来讲，随着科技的飞速发展，新词不断增加，英语的单词越造越长，有的已经超过30个字母，而汉语拼音的音节相较而言就显得简洁了许多。这就是说，在启用汉字输入法的联想功能的情况下，汉字的输入速度要比英语快得多。从手写的角度讲，汉字常用字的笔画是十分省简的，寥寥几笔成字。因此，"难写"对于汉字来说已成为历史。

至于说"难记"，就更不能成立了。今天，世人们都十分清楚：不论是中国人也好，外国人也罢，只要掌握了3 500个常用汉字，就能够顺利地阅读大部分中文读物。而即使是美国人，掌握不了6 000个以上的常用单词，读一般的英文报纸都有些困难。更有甚者，即使记住了2万个单词，他能享受的信息还是有限的。尤其是阅读科技著作，离开了专业词典几乎无法读下去。中国人只要掌握三四千个汉字，就可以享受绝大部分信息。因此，我们不能被简单的26个字母所迷惑。这简单的26个字母通过排列组合造出来的任何一个单词，都要靠强记——形、音、义之间缺少有机联系，这比形义联系十分紧密的汉字记忆难度要大很多。何况，因专业的不同，常用英语单词的数量少则上万，多则几万，其记忆量之大可想而知。

最后说"难认"。汉字本身是象形文字，可以察形知义，即使是上古汉字，破译的难度也在减小。而对于任何一个英语单词来讲，在你没有靠强记弄清它的意思之前，你是无法知晓它的基本含义的。比如说，forest这个单词什么意思？你没办法从字母组合上得到解答的线索。而对于汉字"森"来讲，一看就知道它表示树多的意思，紧接着就会想到成片的树，至此，它的意思基本就明确了。由此可见，相对于拼音文字来讲，汉字的意义识别要容易得多，即"易认"。

还有一些人当初提出汉字难认的观点是基于读音而言的。诚然，在掌握了音节构成规律的情况下，英语单词一看就知道怎么读。但会读不知其意，又有何用呢？况且，汉字的形声字占绝大多数，而其声旁大多表音很明确，所以识读也很方便。既能够通过形旁察知其意，又能够通过声旁大概知晓其读音，汉字还称不上"易认"吗？

二、易被感知和识别

汉字方方正正的结构不仅使构字部件的搭配规律性很强，而且在二维空间内确定了笔画或部件的组织范围，使一个字不论笔画多少都占有相同的二维空间，为识别提供了极大的方便。这一点拼音文字是永远无法实现的。如，要弄清英语中的acquaintanceship（认识）这个单词，由几个音节构成的这样简单的问题，可能得用识别汉语中同一意义的词汇的数倍时间。再从人们注意的倾向性来看，人类的视觉视野总是一个面，而不是一条线，所以线性排列不易辨认，排成方块则一目了然。拼音文字是线性文字（图6-2-1），汉字是方块文字（图6-2-2），所以汉字比拼音文字有更高的阅读效率。这就是说，由汉字组成的语言系统综合识别速度要比拼音文字快得多。

图6-2-1　线性符号示意　　　　图6-2-2　方块汉字示意

上面两个示意图，前者模拟拼音文字——线性文字；后者模拟汉字——方块文字。仔细观察，不难发现，方块汉字比线性的拼音文字更容易被人所感知和记忆。这既是由人类眼睛的视野特征所决定的，也是由人的注意力特点所决定的。也就是说，相对于线性的拼音文字而言，汉字不仅容易感知，而且容易记忆。

汉字是象形文字，可以察形识义，尤其是对已认知的汉字的字形进行分析，不仅可以探知其本意，而且可以由此引发联想，获得更多的感悟。并且，汉字是构词的基本单位，掌握了汉字的基本意思，就可以基本掌握由其构成的大部分词语的意思。比如说，掌握了"男、女、人、孩"四个字的含义，就能透彻地理解"男孩、女孩、男人、女人"这些词的准确意思。随着单字掌握量的增加，汉语词汇"触类旁通"的特点将以几何倍数增加，这一点是英语所无法企及的。比如说，记住了"man"（男人），看到"woman"（女人）也不一定能明白它是什么意思。

汉字的构字规律性极强，利用其构造规律，可以"触类旁通"，在短期内突破识字关。此外，由于汉字相互组合的自由度特别大，只要掌握了为数不多的汉字，就可以具备日常阅读能力。汉字的构字部件虽然笔画简单，但大多具有一定的"音"或"义"，且数量不是很多，易识易记，不仅习得十分轻松，而且在现代信息处理方面比拼音文字具有更大的优越性。

由于汉字的诞生因物象而生，并且成字方法极其简单，不论多么久远的文字都很容易被破译，因此，用汉字记录的历史不易被割断。比如说，今天看到几千年前的这个"🐟"字，还能认出来它是"鱼"字，看到这个"🚗"字，还能释读出它是个"车"字，这就是汉字因物象形的最大优越性所在。正是这样的优越性和汉字从未被割断的形体演变的延续性，使得今天的中国人可以阅读上古和中古时期的各种典籍，享有丰富的文化资源。

三、超强的信息承载力

汉字"形、音、义"三位一体，其本身的信息量远远大于拼音文字。而本身可以作为一个语素或一个词的汉字，其意思大多是一种集合意义，尤其是表示概念的汉字。只要认识了表示一种事物的一个汉字，关于一类事物的名词都会轻而易举地被理解。比如，认识了"牛"字，不论公牛、母牛、黄牛、水牛、老牛、小牛，人们都能知道它的意思。而拼音文字就不同了，尤其是英语，常需要一个一个地记，理解和记忆都很困难。例如，即使你认识了 ox（牛），但 bull（公牛）、cow（母牛）、calf（小牛）也未必认识。对于这几个虽然表示同类事物的单词，你也必须一个一个地学、一个一个地记。通过比较可知，汉字是最简洁的文字，单位字符所承载的意义信息量远远大于任何拼音文字。

由于汉字本身承载的信息量很大，汉字的组词能力十分强大，不管是名词还是动词，成词的空间巨大。因此，当新概念、新事物不断产生，拼音文字已疲于应对时，汉字却游刃有余。

四、强大的文化凝聚力

汉字，不论是当初刻在龟甲上的，还是铸在青铜器上的，不论是写在木简上的，还是写在纸张上的，几千年来形态发生了较大的变化，但是表意的性质始终没有变。自秦代以来，中华大地上"书同文"的格局没有变。因此，不论中华疆域内有多少种方言，"书同文"始终维持着中华民族的统一。

汉字是中华民族的一种情结。不论是长城内外，还是大江南北，说普通话也好，讲粤语也罢，用吴语沟通也好，用闽语交流也罢，抑或是用湘语问，用赣语答，用客家话评点，不同的口音背后，坚挺的是相同的语言符号。正是这相同的语言符号，把广大疆域内的人心和精神凝聚在了一起。不论是湖南人吟诵《静夜思》，还是广东人吟诵《静夜思》，或者北京人吟诵《静夜思》，虽然音调和声腔不同，但情至深处，那泪水的味道是一样的，因为那几行字中寄寓的情感是不会因为用声运调的不同而改变的。

从另一个角度来讲，汉语亘古不变的表意性使文字的内涵永远保持不变，使其承载的文化精神永远能够被人们释读。正因为这样，我们的历史永远是那样清晰，中华民族的根系永远是那么清楚。中国人不论走到世界的哪一个角落，只要看到方块字，就会想到自己是中华儿女。

同一个汉字，虽然在不同的方言区域内读音不同，但不论在什么地方，它表示的意义是相同的。也正是因为这一点，汉字成就了中国文化的丰富多彩。陕西人到了江浙，可以看看越剧、听听评弹；到了安徽，可以听听黄梅戏。而江浙人到了陕西，也可以感受一下震耳的秦腔。虽然艺术风格颇多差异，角色的扮相不同，但汉字世界里梁山伯和祝英台的故事是一样的。所以，陕西人坐在江浙的剧场内看越剧，即使听不大明白，心里的感觉也是很好的。

第三节　汉字书法美

看微课

汉字书法美

什么是书法？"书法"一词有两个含义：一是指汉字书写的法则和方法技巧，这是就书写过程而言的；二是指以汉字为载体表达思想、昭示道德与精神，以及进行人格关照的一种中国文化样式，这是就书写结果而言的。

汉字书法之美主要表现在两个方面：一是其构成元素的真善美，二是其体现的文化思想和道德精神。

一、书法元素的真善美

汉字书法作品由用笔、用墨、结字和章法四个要素构成。一幅作品能不能唤起人的美感体验、使人获得一定的美感享受，关键在于用笔、用墨、结字和章法这几个元素是否具有真善美的属性。

（一）真

汉字书法的"真"主要表现在三个方面：从用笔来看，"真"的基本要求是起笔和收笔自然，行笔自然，转折顿挫自然，笔法转换自然；表现在墨迹上，笔画干净清爽，既没有累赘，也没有矫揉造作、扭捏作态等现象。从用墨来看，不论是一字之内，还是一画之中，墨色的变化要自然，不能有"补墨"或修饰现象。从结字来看，字的形体要端庄大方，不能有任何作态和造势的痕迹。

启功先生的行书作品（图6-3-1），用笔不论是起收，还是行笔，都十分自然，笔画干净、清爽，气息沉静。观赏此作，可以使人心平气和，神清气爽。

"真"是汉字书法美的基础。在汉字书法史上，真正的书

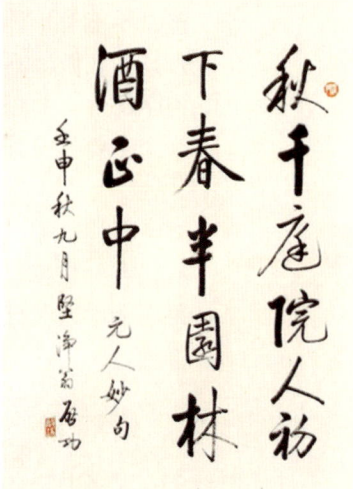

图6-3-1　启功行书

法大家用笔都十分的自然和率真,他们的作品都是以质取胜,而不是以笔画姿态的变化和浮夸来取悦于人。例如,王羲之《兰亭序》(图6-3-2)用笔起收自然,行笔不事工巧,笔画率真、素净,结字纯朴端庄、落落大方,整幅字无粉饰痕迹,真意十足。这正是《兰亭序》被历代书法家公认为上品的一个重要原因。元代赵孟頫的行书作品《赤壁赋》(图6-3-3),用笔起收自然,行笔灵动自如,笔画自然纯净,结字灵动秀美,真意与真趣兼备。

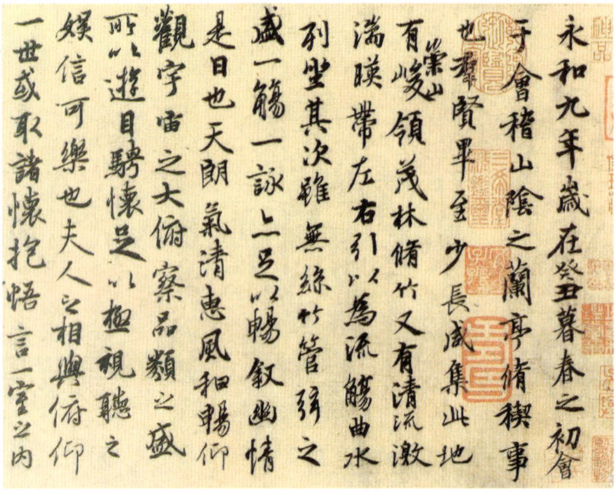

图6-3-2　冯承素临摹王羲之的《兰亭序》(局部) 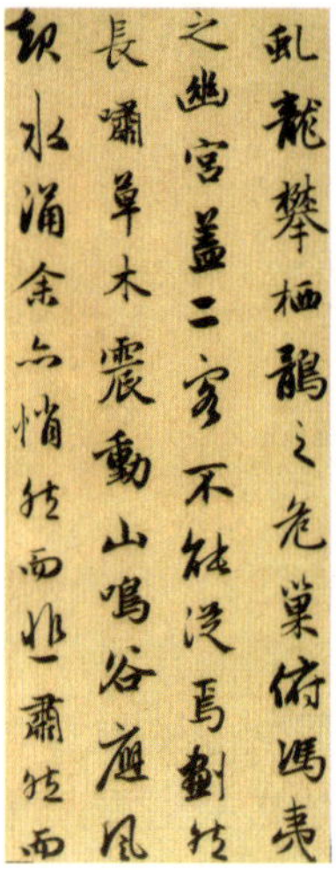　　图6-3-3　元代赵孟頫行书《赤壁赋》(局部)

(二) 善

汉字书法的"善"与"不善"主要从用笔、结构和章法三个方面来看。从用笔的角度来看,起收要平和,行止要有度,转折回环恬静自然,表现在笔画上,要不伸张、不轻狂、不大起大落。从结字的角度来看,字迹的大小要相对规整,不能有形体偏大或字迹过于沉重的字。在一幅作品中,任意一字不能独大、张扬和狂傲,不能有挤占空间和挤压他字的现象;一字之内,不论是笔画,还是构字部件,要相互礼让,不能有争夺和抢占空间的现象。从章法的角度来看,每一个字要各安其位,不能有侵占公共空间的现象,字与字之间要相互关照,和谐共处。

清代刘墉的行书作品《游道场山诗》(图6-3-4),用笔起收平和,行止简洁,点画严格自律,富有礼让精神;结字中宫紧缩,收束严谨,了无伸张之意;每一字均处在行的中轴线上,字与字之间避让有序,平和安静,整幅作品充满了善意。

(三) 美

汉字书法之美具体表现在四个方面:首先,就笔画来看,要干净爽利,没有累赘,不残不缺。因为中国人向来以朴素为美、以完好为美、以圆满为美,而以

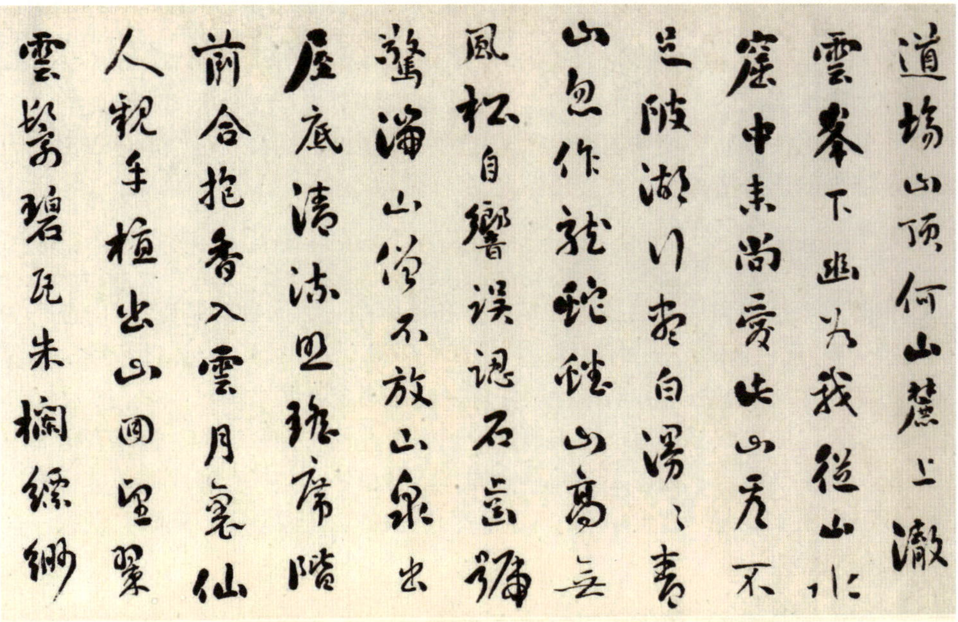

图6-3-4　清代刘墉行书《游道场山诗》卷

残缺为憾，所以书法作品的笔画不可有残缺。在用笔时，不当断处断笔，不应残处残缺，这些都是书法的大忌——艺术可以讲究残缺，但书法是国学，不是纯粹的艺术，在多数情况下不适用艺术法则。其次，就墨色来看，要清晰、纯净，过渡自然，无墨猪和补墨等现象，浓淡枯润得宜，能够表现出字的气韵与神采。再次，就字迹来看，一是要端庄，不可歪斜；二是要舒展大方，富有精气神，既不可形体局促，也不能松懈离散；三是具有或清秀、或典雅、或富丽、或挺健等美的属性。最后，就章法来看，字距和行距适度，正文、落款和钤印都恰在其位，整幅作品给人以沉静、和美的印象。

清代刘春霖的一幅书法作品（图6-3-5），笔画完美无缺、干净清爽、舒展大方；墨色清晰、纯净、温和；结字挺拔端庄，清秀静雅；行列整齐，行间距恰到好处。整幅字不论从哪个角度看都美感十足。清代钱泳的隶书作品（图6-3-6），用笔平和，笔画丰满，完美与健美兼备；立字端正稳健，兼具端庄美与挺健美。

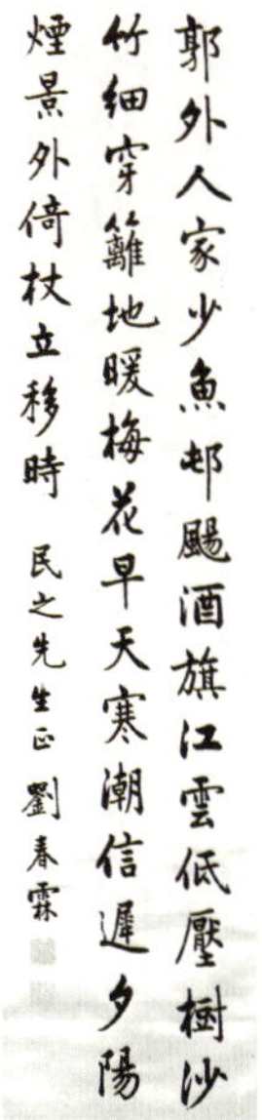

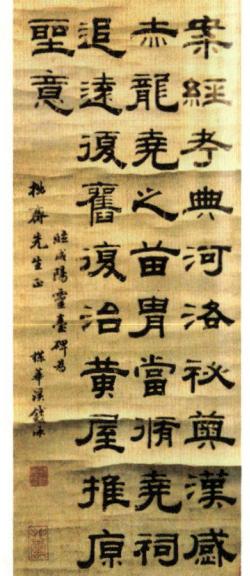

图6-3-5　清代刘春霖书法作品　　图6-3-6　清代钱泳书法作品

二、汉字书法的道德精神

作为中国文化的一种基本样式，汉字书法能够对人产生积极的文化影响。一件真正好的书法作品必须体现出中国文化的基本精神，即必须很好地体现出中国文化所倡导的道德精神。

（一）和谐

和谐思想是中国文化的核心和精髓。和谐以中正、平和为基础，"中正"主要是指恰到好处，不出格、不歪斜，"平和"主要是指平静、安详、和顺，不纷乱、不芜杂。汉字书法对和谐精神的体现主要从四个方面来看。

一是笔画的粗细、长短、轻重等要恰到好处，不可伸张违和，违和者即非上品；笔画处位要恰当，姿态要和顺、安详，不可作势和张扬。清代胤禛的行书作品《夏日泛舟诗》轴（图6-3-7），用笔严格自律，点画合度，无伸张意态，自然和顺，刚柔兼济。

二是墨色要和书体相适应。表现汉字风骨和精神的书体用墨不能太淡，淡则骨力不足，缺乏精神；表现气韵和神采的书体用墨不能太枯，枯则气韵不足，缺乏神采。与此同时，不论是一字之内、一行之中，还是整幅作品，墨色的变化要平和，不可有突兀与夺目之处。现代邓散木的行书作品《七言联》（图6-3-8），用墨润而不湿、淡中寓浓，整幅字给人以温和、秀美的印象。

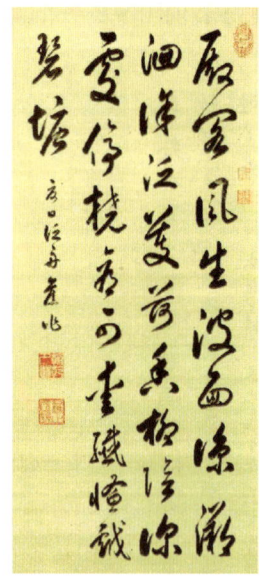

图6-3-7　清代胤禛行书《夏日泛舟诗》轴　　图6-3-8　现代邓散木行书《七言联》

三是结字要相对规整，字迹大小不能相差太大，更不能有个别字形体突兀、字迹沉重的现象。每一个字要各安其位，字与字间避让有序、相处和谐，整幅字给人以和美的印象。宋代米芾的《苕溪诗》卷（图6-3-9），结字大小相对规整，字迹的轻重相对均衡，字与字间无挤压、挤占等有损和谐的现象。

四是从章法的角度来看，不仅要行距适度，而且每一字的重心都应落在行的中轴线上，避免阻滞行间行气，使整幅字给人以严整有序的印象。清代祁寯（jùn）藻的行书作品《花庵记》轴（图6-3-10），一行之中，上下字的联系紧密，字的重心基本都在行的中轴线上，行间距适度，整幅字章法和美。

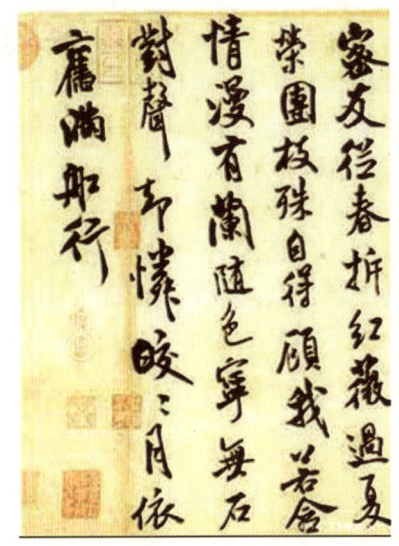 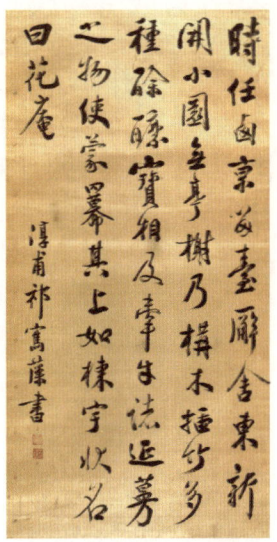

图6-3-9　宋代米芾行书《苕溪诗》卷（局部）　　图6-3-10　清代祁寯藻行书《花庵记》轴

（二）稳定

稳定是中国文化的基本理念。希望社会稳定，追求生活安定，历来是中国人的美好愿望。汉字书法只有体现出稳定思想，才能满足人们的情感与精神诉求，才能算是一件好的作品。一幅字是否体现了稳定的精神，主要从两个方面来看：一是笔画形态端庄、大方，在字中的处位安和、平稳，相对于字的重心而言，没有背叛和离散现象；二是结字紧凑，立字端正，重心平稳。图6-3-11是唐代的《大秦景教流行中国碑》，笔画处位安和，结字紧凑，立字平正端庄，整幅字给人以大气沉稳的印象。

图6-3-11　《大秦景教流行中国碑》

（三）自然

崇尚自然是中国文化的基本思想。在这一思想的影响下，中国人向来以自然、质朴、清新、俭素和纯净等为大美，视一切雕琢和粉饰为虚美。汉字书法对崇尚自然这一文化精神的体现主要表现在三个方面：一是用笔自然，无故作姿态和雕饰现象，在笔画上注重浑然天成，无修补痕迹；二是结字朴素、大方，无矫

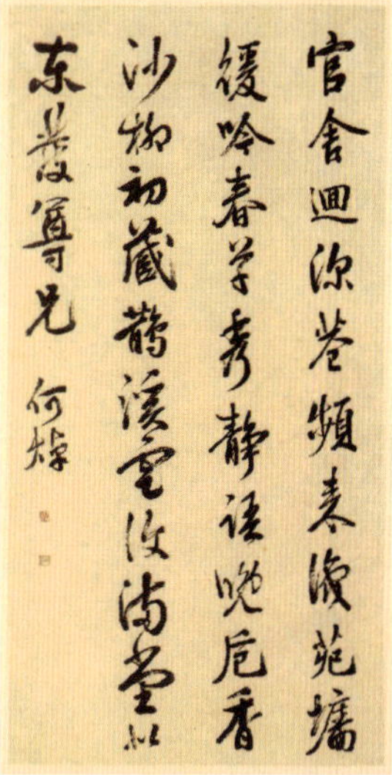

揉造作和故作姿态现象；三是墨色匀称、变化自然。清代何焯的《行书诗》轴（图6-3-12），不论是起收行止，还是提按转折，都十分自然；墨色的浓淡和枯润也随行笔自然变化。整幅字给人以浑然天成之感。

（四）厚德

汉字书法是一种立德的文化样式，必须不折不扣地体现道德精神，给人以积极的道德启示与引导。道德思想在汉字书法上的表现主要有三点：一是用笔要谦恭，笔画不张扬、不轻狂，不侵犯他字和侵占空间。二是结体要紧凑，点画之间既有凝聚力，又不乏礼让精神；结字要自律，不狂傲、不独大，立字要有正气。三是墨色纯正、温和，不耀眼、不炫目。近代林森的行书轴（图6-3-13），用笔谦和，点画舒展，但无伸张意态；结字紧凑，笔画间富有凝聚力；字迹大小相对规整，字与字各安其位，无挤占、侵犯等现象；墨色温和，变化自然。

图6-3-12　清代何焯《行书诗》轴

（五）刚健

刚健有为既是中国文化倡导的一种思想，也是中国人崇尚的一种精神。汉字书法对刚健精神的体现主要表现在用笔、用墨和结字三个方面。就用笔来讲，笔画要斩截有力，筋骨外显；就用墨而言，墨迹清晰，字迹沉实，富于神采；就形体来看，结字紧凑，立字端庄，要体现出风骨和精神。元代赵孟頫的行书《千字文》（图6-3-14），用笔沉实，笔画富有骨力，结字端正挺健，很好地表现了中国文化的刚健精神。

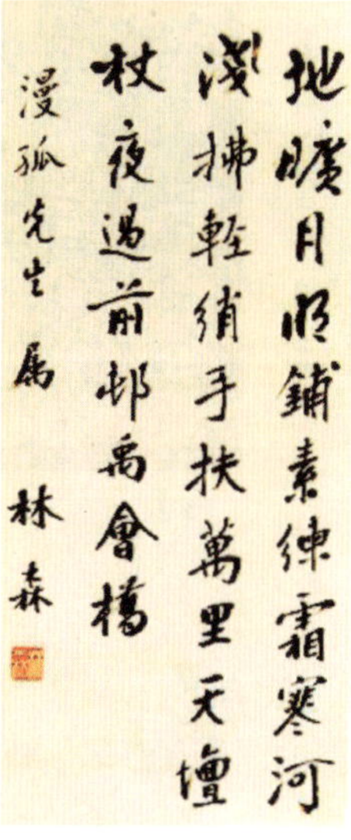

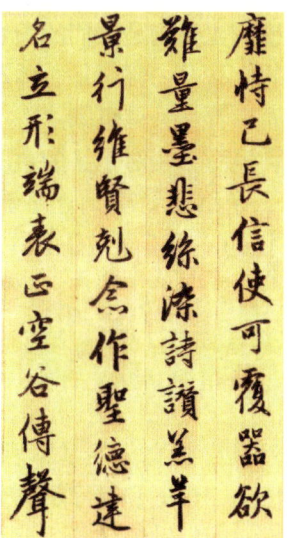

图6-3-13　近代林森行书轴　　图6-3-14　元代赵孟頫行书《千字文》

第七章

辞章美

　　阅读是一种十分重要的学习方式。通过阅读，我们不仅能获得各种知识，而且还可以获得各种审美体验——或心情轻松，或感情激动，或精神振奋……为什么阅读会使人获得各种审美体验呢？因为文章最基本的社会作用是弘扬真善美，引导人积极向上，所以好的文章都具有一定的审美内涵，使人在阅读中获得审美享受。除了审美内涵外，美的语言也能给人以审美享受。

　　辞章美是指语言和以语言为表现形式的各类辞章所具有的美的成分。其中，辞章包括诗词、散文、小说、格言、谚语和对联等一切语言文化样式。

第一节 汉语之美

汉语作为世界上现存的以象形文字为基础的语言，文字高度统一和规范，语法简洁，音韵和美，词汇的衍生与兼容性很强，语言形式十分简洁，但语言逻辑十分严密。从审美的角度来看，汉语具有音韵美、词汇美和修辞美等三大美的属性，能够带给人的审美享受是极其丰富的。下面，我们来具体看一下。

一、音韵美

汉语语音的最大特点是一字一音节，并且每一个音节必含元音，并且以元音为主体，这样的语音结构决定了汉语音韵和谐优美。因为元音是乐音，辅音是噪音或混合音。因此，用汉语写成的篇章，不论是用于朗读，还是用于歌唱，都能够将声韵的魅力发挥到极致。这其中还有一个重要的原因是，一个汉字一个音节，不论是读的短促也好，延长节拍也罢，节奏的随意处理并不影响单字所表达的基本语义。但一个单词多个音节的拼音文字就不具备这样的优势，因此其音韵就难以和汉语比美。此外，汉语句子的强调重音可依其语义表达的不同分层次进行处理，这一点拼音文字也不具备。

正是因为汉语的音韵十分和谐优美，所以中国的古典诗词朗诵起来具有一种特殊的听觉感染力，并且借助于节奏和声调的变化能够把感情抒发得淋漓尽致。用汉字填词的歌曲，一个字所占的节拍可长可短，节奏舒缓自如，更易造成跌宕起伏的音乐效果，使音乐艺术的感染力得到最大限度的发挥。

二、词汇美

汉语词汇系统以单音节词为基础，以双音节词为主体，四字成语锦上添花，单词音节（字符）相对较少，构词语素内部语义关系清晰，词义易于解释、便于记忆，动词十分丰富且使用自由灵活，整个词汇系统具有丰富而强大的表现力。从审美的角度来看，构成汉语词汇的单字大多具有明确的含义，字义与词义之间存在着极其丰富的意趣，对词汇进行推敲不仅可以使人的思想得到提升、思维能力得到发展，而且能够使人获得多方面的审美享受。

（一）汉语词汇的特点

汉语的词根性语素大多可以独立成词，一字多义的现象也十分普遍，而且有实义的语素组词灵活自由，这些不仅使汉语词汇系统一直保持着巨大的生机与活力,而且使汉语词汇具有一些突出的特点。概括起来讲,汉语词汇具有以下几个特点。

1. 词义的概括性强

由于象形是汉字造字的一种基本方法,很多汉字不仅反映了事物形态,而且一产生就是一类事物的概念——独立成词,其意义具有强大的概括性。如,汉字的"鸡"作为一类事物的概念,它的外延包括世界上所有属于"鸡"类的动物,不论公母、大小,"鸡"这一个字全部将其纳入指称范围,如要单指,只需在中心词"鸡"字前加上限定词即可。相比较来看,英语中"公鸡"有三个单词——cock, rooster, chanticleer;"母鸡"有两个单词——biddy, hen。这些单词间没有触类旁通性的联系,需要一个一个记忆。这样一比较,大家就会发现,汉语词汇意义的概括性极强,这使得汉语的词汇系统要简约得多,但其表现力很强,同时易于学习和掌握。

2. 一词多义现象十分普遍

汉语词汇最大的特点是具象性和意境性,物性的相似性和情态的相近性使得汉语词语的借用与活用十分普遍,加之修辞的运用,使得汉语词汇的意义不断积淀,形成了一大批多义词。如"牛"这个词,其基本意思是力气大、坚韧的一种哺乳动物。由这个基本义引申出了固执、骄傲、本领大、有实力等意思,这样的词义引申现象在汉语中是十分普遍的。一词多义中的引申义和比喻义大多具有更强的生动性和形象性,这一特点决定了汉语词汇系统丰富的表现力。

3. 词的派生能力很强

汉语词根性单音节语素的意义大多具有集合性,一个语素的基本意思常常可以囊括一大类事物,如"机"这个单音节语素作为构词的中心语素时,不论是什么机械,都囊括在它的指称范围内。任何一种新的机械产生,只需在它的前面加上定语性的语素,新概念就产生了,并且很容易被人理解。这种强大的词语派生性使得汉语应对新事物的能力十分强大,词汇简约生成的空间非常之大。例如,当"族"这个语素被赋予"一类人"这个新的意义后,追星族、推销族、打工族和工薪族等一大批词语随之派生出来。

4. 词的内部结构清晰

汉语词汇大多是合成词,语素间的关系十分明确,词的意义解释和融会贯通都十分容易。

5. 直接的思维唤起性

由于构成汉语词汇的词根性语素大多具有明确的事物、情态或行为的指向性,因此汉语词汇具有直接的形象思维唤起性,用汉语写成的诗、词、曲、联等可以直接把人带进美妙的艺术境界。

(二)汉语词汇的表现力

由于很多汉语词语本身具有形象性和情境性,有较强的思维唤起性,加之汉语词汇词义的概括性很强,词汇中一词多义现象十分普遍等,因此汉语词汇具有超强的表现力。

1. 表意的严密性

汉语中不仅存在着大量的同义词和近义词,而且词分褒义、贬义和中性三类,恰当使用,不仅可以使思想表达十分严密,而且能使情感表现更到位。

2. 动词的情态性很强

汉语词汇系统中的动词十分丰富,并且这些动词对事物的动作情态具有描述性,这一特点决定了句子简洁、动词使用密度相对较大的汉语言有很强的情态性。

3. 词语活用现象十分普遍

汉语词汇的意义不仅有很强的概括性,而且在可类比的事物间进行活用,可以加强表达的生动性和形象性。例如"风移晓月云里去,潮托旭日水中出",这副对联的两句话中分别活用了"移"和"托",语言的生动性和情境性增强了许多。

三、修辞美

修辞是指对言辞的修饰与美化,其中包括音韵的和谐悦耳、节奏的张弛起伏,以及词语的活用等。修辞手法的运用不仅可以使语言更优美,而且使表意更生动、更形象,从而使文章能够给人的审美享受更充分。陈望道先生在《修辞学发凡》一书中,对消极修辞和积极修辞的区别和联系进行了科学的论述。凡能使语词呈现明白、清晰情貌的,称为消极修辞;凡能使语词呈现生动、形象情貌的,称为积极修辞。这是对前人论点的进一步发展。

(一)消极修辞

汉语的消极修辞在字词句的使用上都有体现,几乎是随时随地、信手可得,如"他人在课堂上,心早已从窗户跳出去了",这一句中"跳"字的使用就是一种消极修辞。又如"梅逊青竹节气,竹输寒梅精神"这副对联中,"逊"和"输"就运用了消极修辞手法。通过这两个例子,同学们可以看出消极修辞的运用可以使语言更加生动、形象,语言美感更足。

在日常生活中,我们随处可见消极修辞的例子。例如:"为了您和他人的家庭幸福,请自觉遵守交通规则。"这条大街上的交通广告语就用了婉曲的修辞手法。这一修辞手法的运用不仅使得语气平和,人们更容易接受,而且可以引导人们思考,达到更加理想的表达效果。

除了字、词、句活用消极修辞外,汉语表达中经常使用的四字成语、格言谚语等都能够加强语言的修饰效果。

(二)常见的积极修辞格

汉语的消极修辞几乎是一种不漏痕迹的美化语言的手段,让人们在不自觉中感受到了一种语言的魅力。与消极修辞形成对比的是积极修辞,积极修辞具有一定的辞格，语言修饰效果更鲜明，更容易使人从语言中获得审美感受。现举例如下。

1. 比喻

比喻就是打比方，把抽象的、深奥的、人们不熟悉的事物，化为具体的、浅显的、人们所熟悉的事物，给读者以鲜明深刻的印象。比喻手法的运用可以使意思表达生动、形象，更容易唤起人们的想象与联想，使人们在深度理解文本的同时获得审美感受。

> **例** 墙上芦苇，头重脚轻根底浅；山间竹笋，嘴尖皮厚腹中空。

这副对联用墙上的芦苇、山间的竹笋来比喻那些没有真才实学、只会夸夸其谈的人，不仅能够触发读者的想象与联想，而且能够使读者深透地理解文句表达的意思。意思理解透彻了，自然能够从中获得审美感受。

2. 比拟

比拟有两种：一是把事物人格化，即通过赋予事物人的语言或行为，将事物写活，将意思表达得生动、形象，增加辞章的审美内涵；二是借助事物写人，或借助此物写彼物，这样写不仅可以使意思表达生动、形象，而且具有丰富的想象空间，使读者在想象与联想中获得审美享受。

> **例** 天著霞衣迎日出；峰腾云海作舟浮。（赵朴初题峨眉山清音阁联）

这副对联采用拟人化的方法，上联写日出时的景象：朝霞满天，好像是天空为了迎接红日特意穿上了霞衣。一个"著"字赋予了天空人的行为，十分生动、形象。

> **例** 桃李不言，下自成蹊。

这个成语的字面义是：桃树、李树不会开口说话，但它们凭借美丽的花朵和甜美的果实，吸引人们纷纷靠近，树下被人们的脚步踩出了一条小路。其比拟义为：做人贵在务实，只要踏踏实实地做出一些业绩，让自己出类拔萃，就会得到人们的敬仰与亲近。这个比拟性的成语不仅有丰富的想象空间，而且具有哲理性的美的内涵。

3. 衬托

衬托是为了突出某一事物，运用相似、相关或相反的另一事物作为陪衬，使某事物的形象显得更加鲜明，易于人们的想象再现。被衬托的事物叫本体，用来衬托本体的事物叫衬体。映衬这种手法的使用既能凸显被表现的事物的形象，又能够拓展想象与联想的空间；既能使读者在想象与联想中获得审美享受，又能使其思维能力得到发展。

> **例** 帆远浮天阔；江空得月多。（镇江金山寺联）

此联中用"帆远"来衬托出"天阔"，用"江空"来突出"月多"。同学们借助以往的生活经验大胆地想象一下，就会发现这副对联描绘的意境清新而高远，披文入境，可以获得心旷神怡的审美享受。

4.对照

对照又称对比，是把两个相对或相反的事物，或者一个事物的两个不同方面并列在一起加以对比，用以突出主题。对比这种修辞手法的使用可以使读者对所描绘的形象有一个十分清晰的印象，有利于读者对形象做出审美判断。

> **例** 青山有幸埋忠骨；白铁无辜铸佞臣。（松江女史撰岳飞墓联）

此联采用对比手法，突出地表达人们对岳飞的尊敬和对奸臣秦桧的憎恨。对联虽然只有十几个字，但包含着巨大的想象空间。

5.排比

排比是将结构相同、意思相关、语气一致的词组或句子成串地排列起来。排比可以充分酣畅地表达意思，加强语言的气势。与此同时，使用排比手法，可以加强语气，增强语言的节奏感，使语言的美感更足。

> **例** 沧海日，赤城霞，峨眉雪，巫峡云，洞庭月，彭蠡烟，潇湘雨，武夷峰，庐山瀑布：合宇宙奇观绘吾斋壁；少陵诗，摩诘画，左传文，马迁史，薛涛笺，右军帖，南华经，相如赋，屈子离骚：收古今绝艺置我山窗。（邓石如手书联）

这副对联采用排比的修辞手法，不仅大大增强了语言美感、丰富了思想内涵，而且极大地拓展了想象空间，如果能充分地展开想象，深透理解对联的意思，就能从中获得充分的审美享受。

汉语表达中经常使用的修辞手法还有很多，限于篇幅，这里就不一一列举了。

第二节 文学形象美

文学形象是指文学作品中所描绘的人物形象、事物形象和自然景象等。人物形象是文学形象的主要部分。通过人物形象来反映社会生活是文学作品的一个重要特点。文学作品中的人物形象一般是采用"杂取种种人，合成一个"的方法创造的典型形象，这种形象一般代表了一类人的共性，又具有自身独特的个性。

文学创作的目的是反映生活，引导人们积极向上。文学形象以正面形象为主，有的是感情榜样，有的是道德典范，有的是精神楷模，不论是哪一类正面形象，都能给人以积极的影响，使人在想象与联想中获得审美感受。

例 送孟浩然之广陵

唐·李白

故人西辞黄鹤楼，烟花三月下扬州。
孤帆远影碧空尽，唯见长江天际流。

这首诗里有多个形象：故人、黄鹤楼、烟花、孤帆、碧空、长江、天际等。但诗里的主要形象并不是它们，而是送别友人孟浩然去广陵时立于江边遥望天际的诗人——这是一个重情重义的人物形象。在对这个人物形象进行分析的基础上，加以想象与联想，就能体会到友情的可贵和人生的美好。

例 上 邪

上邪！我欲与君相知，长命无绝衰。山无陵，江水为竭，冬雷震震，夏雨雪，天地合，乃敢与君绝！

诗歌是抒情的，而感情是抽象的。为了使抽象的感情易于为读者所把握，诗人便采用联想的办法，借助于一定的形象来表现。读这首诗，我们要透过字里行间，通过想象看到其中的主人公形象。这首诗中起码有一明一暗两个人物形象：鲜明的是女主人公的形象，模糊的是男主人公的形象。其中的女主人公一出场就十分鲜活："这一生我想与你携手同行。"话语掷地有声，个性十分突出。当女主人公大胆地表白爱情的时候，男主人公是什么反应呢？说了什么话呢？诗中没有写。这就是诗歌留给读者的想象空间。我们完全可以这样想象——女主人公大胆地向男主人公表达爱慕之情后，又一连用了五种不可能出现的情形再次表明自己对爱情的忠贞不渝。同学们只要大胆地想象一下女主人公的美丽、直率和指天发誓的动作情态等，就能获得审美感受。

除了人物形象外，文学作品中还有景物形象。景物形象常常是主观之情与客观之景相交融的产物。

例 武陵春·春晚

宋·李清照

风住尘香花已尽，日晚倦梳头。物是人非事事休，欲语泪先流。
闻说双溪春尚好，也拟泛轻舟。又恐双溪舴艋舟，载不动，许多愁。

"愁"原来无形状无重量，但是，诗人对它进行了诗化处理——让它形象化、可感化，以可见的景物形象加强了诗篇以情动人的魅力。

文学作品中的景物形象是情感的产物、想象的产物。如果没有情感的渗透，作品的景物形象也就失去了价值。正因为一切景物形象都是由作者的主观感情生发出来的，所以，对于景物形象的分析和想象再现也能获得一定的情感体验和审美享受。

第三节　文学意境美

文学意境美

所谓意境，就是作者在作品中所描绘的生活场景与作者的思想感情有机融合而形成的一种艺术境界。意境中的"意"就是创作者的思想感情，"境"就是作品中所描绘的景象或情境。一般情况下，文学作品所描绘的意境比自然情景和生活情景更美，若能借助生活经验充分展开想象与联想，披文入境，便可获得充分的审美享受。

例 西江月·夜行黄沙道中

宋·辛弃疾

明月别枝惊鹊，清风半夜鸣蝉。稻花香里说丰年，听取蛙声一片。
七八个星天外，两三点雨山前。旧时茅店社林边，路转溪头忽见。

这首词中，夏夜的清风、明月、蛙声、蝉鸣，还有稻花淡淡的馨香构成了一幅静美的生活图画，其中再渗透进作者无限的喜悦之情，就形成了美妙的意境。借助以往的生活经验，通过想象与联想，在大脑中再现诗词所描绘的意境，不仅会感到身心轻松，而且向往之情会油然而生。

意境是一种情景交融的艺术境界，有情无景或有景无情，都不能称之为意境。事实上，情感的表达是需要一定的景物来显示的。优秀的作家总是想方设法地将思想感情浓缩在一定的生活画面中，使人通过具体可感的生活画面去感知和把握。

情景交融只是意境的一个形象特征。不论是景中藏情、情中见景，还是情景并茂都不能看作是意境的全部。美妙的意境不仅要具有情景交融的形象特征，而且要虚实相生，含有无穷的韵味。

宋代梅尧臣说："必能状难写之景，如在眼前，含不尽之意，见于言外，然后为至矣。"这句话告诉我们，意境包括两个部分：一部分是"如在目前"的实境，一个是"见于言外"的虚境。实境是指直接描写的景、形、境，而虚境则是指由实境诱发和开拓的审美想象的空间。

例 月 夜

唐·杜甫

今夜鄜州月，闺中只独看。
遥怜小儿女，未解忆长安。
香雾云鬟湿，清辉玉臂寒。
何时倚虚幌，双照泪痕干。

这几句诗所写的实境是一幅妻子儿女的月下思亲图：身在鄜州的妻子孤身只影，凄然而立，独看圆月，忧怀伤情，牵挂着在外漂泊的丈夫。那已酣然入梦的"小儿女"，是体会不到这相思之苦、离情之痛的。这实境之外的"诗意空间"是什么呢？诗人独立庭院，仰望明月，思念着远方孤苦的妻子和不谙世事的儿女，泪湿衣衫。诗人心底的相思之苦、离情之痛见于言外。

第四节 文章的内涵美

文章主要是用来写情、论理、记事的，古今中外各类文体概莫能外，因此，情、理、事是文章内容的三大要素。文章的内涵美主要包括所抒发的感情美、所表达的思想美，以及所写事物的意趣美等。

一、感情美

自然界中，没有比人性更美的东西；人世间，没有比挚情真爱更美的事物。真正的人是为了纯情真爱而活着。敬父母、疼儿女、爱他人，人性才有所依托；怀苦我乐人之心，灵魂才更显其美。因此，写情是文学创作最大的、永恒的主题，对于一般写作活动而言，写情也是十分重要的内容。

例 家乡的杏花

黄高才

我的老家在关中平原上，北临泾河，南望秦岭。我小的时候，村外有一大片杏林，每年杏花开放的时节，我都要到林中去观看。虽然小时候我不懂得欣赏，但还是留下了很多美好的印象。

十几岁时外出求学后，离家一晃就是四十多年，村外的那些杏树早已不在。四十多年来，虽也在异地他乡见过不少的杏花，但总觉得没有家乡的杏花开得滋润，也没有我们家乡的杏花开得洁净。

记得小时候，每到杏花开放的时节，人们便三五成群地去赏花。那个时候，农村很难见到照相机，人们赏花的方法十分简单，爱花的方式也十分淳朴。记忆中，那时人们欣赏杏花除了不断转换视角悉心观看外，还常常攀过一枝来，凑过鼻子去嗅其清香。有人在杏林中观赏不尽兴，还折下一两枝带回家去欣赏。那时候，村子里的杏林很大，杏树很多，折下几枝是不伤大雅的。况且，对于杏树而言，在枝条过密时，还是需要剪掉一些的。

有一年杏花开放的时节，我在一户人家的桌上看到一只装了水的罐头瓶。瓶中插了几枝杏花，特别好看。回家后，我便找了一个瓶子，装了水，然后到村外的杏园中去，想折几枝杏花插在瓶中。由于当时年龄小、个子矮，到杏园后转了一大圈，也没能找到一枝自己够得着的，于是，便抱着一棵树吃力地往上爬，想爬上树去折几枝下来。就在这时候，一位大伯打旁边经过，怕我从树上摔下来，先是把我从树上抱了下来，接着伸手帮我折了两枝。

半个世纪前的北方农村，除了松柏，很难见到其他长青的树木，至于人工繁育的花木就更难见到了，整个一个冬季，除了雪景，再难看到其他自然美的景象。因此，早春时节，当杏花在村前屋后开放的时候，自然就成为人们眼中最美的风景。此时，人们到杏林中去，除了赏花，还会读它带来的消息——杏花开了，春种的时候就到了。至于说大人们在自己欣赏之后折一两枝带回去，或插进瓶中放在老人的屋里，或递到孩子们的手中，那一刻，他们的心中都是暖暖的。

也许是小时候大脑中装事少的缘故，凡目睹过的事情记忆都十分清晰。正是这样的缘故，上学之后从书上学了"满园春色关不住，一枝红杏出墙来"和"红杏枝头春意闹"等诗句，总觉得他们写得都不够好。因为在我的记忆中，家乡的杏花开得十分洁白，十分素净（图7-4-1）。

我外出求学后不久，家乡便实行了"土地承包责任制"，大片的土地被划成了一个又一个小块分到各家各户。村民们在自己家分得的土地上自主栽种，记忆中的杏林随之消失了。

二十年前，乡亲们在政府的号召下发展特色产业，家家户户又栽种杏树。如今，家乡的杏花比以前更多了。每到杏花开放的时节，村前屋后，塬头河畔，随处都可以看到杏花，清香弥漫在乡间的每一个角落。

近年来，我的家乡每年都要举办杏花节——没有商业目的，只是一份美的分享。今年杏花节的那一天，几位同人驱车前往。回来后，他们告诉我，"那个地方的人真的很厚道。不仅杏园里可以任意走、随便看、随意拍，不收一分钱，而且连茶水都是免费

图7-4-1 杏花

的……"听了他们的话，我的心里暖暖的。然而，直到现在，我都没有告诉他们：我就是在那里长大的。

　　明年杏花开放的时节，我一定要回家乡去。我的家乡在关中平原上，那里有天下最美的杏花。

　　这是一篇借物抒情的文章，字里行间渗透着作者对家乡的热爱之情。读这篇文章，只要找准作者抒情的角度，就能获得美好的情感体验，使灵魂得到洗礼。本文作者是从三个角度同时用笔，将自己对家乡的热爱之情充分地表达出来：一是以寄托感情的事物——"杏花"为线索组织全文，通过对杏花的赞美表达热爱家乡的感情。二是通过寄托感情的事物引出善良的大伯和厚道的家乡人，加深热爱家乡的感情。三是通过饱含感情的语言抒发对家乡的热爱之情。例如，"虽也在异地他乡见过不少的杏花，但总觉得没有家乡的杏花开得滋润，也没有我们家乡的杏花开得洁净""我的家乡在关中平原上，那里有天下最美的杏花"。

二、思想美

　　文章的一个重要社会作用就是为人们提供思想养分，让人们知事明理、学会生活、学会做事、学会与人相处等。文章的思想养分从哪里来呢？一是从所写各种生活事件所蕴含的道理、显示的哲理和包含的事理中来；二是从文章所写的历史人物、事件，以及所包含的各种人文知识中来。

例　钓鱼记

《田间书·杂言》

　　予尝步自横溪，有二叟分石而钓，其甲得鱼至多，且易取；乙竟日亡所获也，乃投竿问甲曰："食饵同，钓之水亦同，何得失之异耶？"

　　甲曰："吾方下钓时，但知有我，而不知有鱼，目不瞬，神不变，鱼忘其为我，故易取也。子意乎鱼，目乎鱼，神变则鱼逝矣，奚其获？"

　　乙如其教，连取数鱼。予叹曰："旨哉！意成乎道也。"

　　这是一篇具有思想启示性的短文。从思想美的角度看，文章给我们讲了一个重要的道理：凡事不能求之心切，要专心致志。求之太切，难免会心浮气躁、做事不定，终无所获。只有气定神闲、全神贯注，掌握方法后才能取得良好的成效。

三、意趣美

　　现实生活中，每时每刻都在发生着一些事情，有的事情包含着生活的道理、具有思想启示性，有的事情具有精神感召力，有的事情富有意趣。意趣之美首先在于它能够舒展人的心境，使人轻松愉快。与此同时，在意趣之外还常常蕴含着一定的思想。

例 答谢中书书

南朝·陶弘景

山川之美，古来共谈。高峰入云，清流见底。两岸石壁，五色交晖。青林翠竹，四时俱备。晓雾将歇，猿鸟乱鸣；夕日欲颓，沈鳞竞跃，实是欲界之仙都，自康乐以来，未复有能与其奇者。

这是一篇既充满自然意趣，又渗透着生活情趣的美文。从自然意趣的角度来看，文中不仅写了山之奇、水之秀，而且写了猿鸟之鸣、游鱼之乐；从生活情趣的角度来看，此文反映了作者娱情山水、赏景观奇之乐，并且可以将内心的感受与志趣相同的友人交流，也实属人生一大乐事。

第五节　汉语文学的独特样式

汉字一字一音节、每个音节必含元音和韵尾音调的微妙变化等巨大优越性，造就了律诗、绝句、词、曲、联这些中国独有的文学样式。这些文学样式篇幅短小，题材广泛，可抒情，可言志，可写景，创作活动不受时空限制，灵感袭来，随时随地都可以创作，或表达思想，或抒发感情，或表现志趣，能够及时地满足人们精神生活的需要。

欣赏诗词曲联，可以丰富人们的感情世界，净化人们的灵魂，培养人们对生活的热情，提高人们的审美情趣；可以丰富和提高人们的想象力，改善人们的思维品质，提升人们的创造思维能力；可以提高人们的遣词造句能力，强化人们的语言运用能力。

一、诗

诗歌是长于抒情的一种文学体裁，是想象与联想的产物，它凭借形象和意境将人们的形象思维活动引向无穷的空间，既能使人在想象与联想中获得审美享受，又能强化人的创造性思维能力。汉语诗歌是十分优美的语言艺术，尤其是合

看微课

诗之美

辙押韵的古典诗歌，读来音韵铿锵，和谐悦耳，加之汉字和汉语词语本身具有形象唤起性，很容易将人们带入一种意境。因此，汉语诗歌具有很强的审美性。

例　枫桥夜泊

唐·张继
月落乌啼霜满天，江枫渔火对愁眠。
姑苏城外寒山寺，夜半钟声到客船。

这首诗虽然只有28个字，但形象丰富、意境深远、感情真挚，反复诵读和仔细品味，可以获得多方面的审美享受。

首先，诗歌生动、形象地描绘出了枫桥一带夜景的丰富多彩，有远景、有近景；江上清风，舟中渔火，悠扬的夜半钟声，皆触到诗人的一个"愁"字，使全诗情景交融，意境优美，具有十分强烈的感染力量。

其次，这首诗的字里行间有着深厚的意蕴，为读者创造了巨大的想象空间，使读者能够从中获得强烈的美感。例如，"江枫渔火对愁眠"一句给我们勾画出了一个因思念亲人睡不着、站在船头观夜景的旅人形象，"夜半钟声到客船"一句写出了相思者的辗转反侧。前一句写眼里所见，后一句写耳中所闻；前一句轻描相思之情，后一句写思念之切。仅仅十几个字描绘出了两种情形，同时又使所抒之情现出波澜。

例　蜀　相

唐·杜甫
丞相祠堂何处寻？锦官城外柏森森。
映阶碧草自春色，隔叶黄鹂空好音。
三顾频烦天下计，两朝开济老臣心。
出师未捷身先死，长使英雄泪满襟。

从审美的角度看，这首诗具有韵律美、思想美、形象美和意境美等多重美的属性，反复诵读和仔细品味，可以获得多方面的审美享受。

首先，这首诗具有美的思想内涵。诗歌的第三联写武侯，仅仅14个字，就高度概括了诸葛亮的一生功业。其次，这首诗中饱含着美的感情。诗的第一句，一个"寻"字含义丰富——既表现出杜甫对诸葛亮深深的敬仰之情，又表现了诗人到丞相祠堂去祭奠的迫切心情。后一句中的"柏森森"三个字渲染环境的庄严与肃穆，景中含情，情景交融，使作者对诸葛亮的敬仰之情得以深化。再次，这首诗表现了诸葛亮的人格。"三顾频烦天下计，两朝开济老臣心"是全诗的重点和核心，既生动地表现了诸葛武侯的雄才大略、报国苦衷和生平业绩，又表现了他忠贞不渝、坚韧不拔的精神品格。诗的最后两句表达了诗人对诸葛亮崇高精神的敬仰和对其事业未竟的痛惜之情，同时也表现了自己报国无门的哀伤。这两句诗叙事和抒情结合，情真意挚，具有很强的感染力。

二、词

词之美

　　词，又叫曲子词、长短句、诗余，是配合乐曲而填写的一种歌诗，即一种独特的诗歌形式。诗和词都属于韵文的范围，二者所不同的是：诗只供吟咏，词则可以入乐歌唱。词这种诗歌形式充分利用了汉语音韵美的特点，将表达思想的文字和音乐结合在一起，集音乐美、意境美和情感美等诸美于一身。

　　在所有的文学种类中，词是最富有音乐性的，它以和谐的音律、明快的节奏将汉语的魅力完美地体现出来，使人们在唱诵中自然而然地进入其所描绘的情境中，从而获得真切的情感体验和强烈的美感享受。

> **例** 雨霖铃·寒蝉凄切
>
> 宋·柳永
>
> 　　寒蝉凄切，对长亭晚，骤雨初歇。都门帐饮无绪，留恋处，兰舟催发。执手相看泪眼，竟无语凝噎。念去去，千里烟波，暮霭沉沉楚天阔。
> 　　多情自古伤离别，更那堪、冷落清秋节。今宵酒醒何处？杨柳岸，晓风残月。此去经年，应是良辰好景虚设。便纵有千种风情，更与何人说！

　　《雨霖铃》一词是辞章美的典范之作。因为审美首先是接受感情的洗礼，其次才是思想的汲取和精神涵养，所以，饱含感情的作品多是比较好的审美对象。

　　词的开句运用了"寒蝉"二字渲染悲情气氛，接着用一句"都门帐饮无绪"引出离情别绪。正在留恋之际，一句"留恋处，兰舟催发"将离人的心揪得紧紧的。情动于中，谁也说不出话来，只有泪眼相对，执手相看。

　　词的上阕写离别的真实场面，采用烘托、点染等艺术手法；下阕写词人的感伤，想象别后的孤苦与忧思，情真意切，感人肺腑。

　　"今宵酒醒何处？杨柳岸，晓风残月。"二句融孤苦之情于凄清的景中，意境十分高远。"此去经年，应是良辰好景虚设。便纵有千种风情，更与何人说！"几句写离情还未了，归思就开始在心头萦绕。这最后几句从设想别后孤苦的角度再次渲染离别之痛，情真意浓，感人至深。

　　柳永的《雨霖铃》可谓千古写情的巅峰之作，其中用"无绪""无语"将难分难舍之情表现得淋漓尽致，达到了真情无言、真爱无声的境界，再用"泪眼""凝噎"二词加以渲染，将离别之情写得至醇至美。

三、曲

曲是继诗、词之后兴起的一种文学体裁。它以汉字为基础，把汉语的音韵魅力发挥到了极致。曲大致分为两种：一种是进入戏剧的唱词，即戏曲，或称剧曲；另一种是散曲，这是一种广义的诗歌。我们这里只讲散曲。

与诗词相比，散曲所表现的内容更加广泛，叙事性更强，形象更加多样，情境更加接近生活，语言更加通俗和口语化，更易引起人的想象和联想。研读曲子，对语言能力的发展、想象和联想能力的提升，以及思想的丰富等都有显著的促进作用，即曲的欣赏能够使人获得多方面的审美受益。

例　天净沙·秋思

元·马致远

枯藤老树昏鸦，

小桥流水人家，

古道西风瘦马。

夕阳西下，

断肠人在天涯。

从审美的角度看，这首小令集形象美、景象美和感情美于一体，反复诵读和仔细品味，可以从中获得充分的审美享受。

这首小令虽然只有28个字，但成功地推出了11个形象，描绘8种景象。"枯藤老树昏鸦"一句6个字，3个形象，2种情景：枯萎的藤蔓缠绕着老树，找到了自己的归宿；黄昏的乌鸦回到了自己的巢边，在消解着飞奔的倦意。"小桥流水人家"一句也是6个字，3个形象，2种情景：小桥下的流水奔向它们的归宿；流水旁的人家里传出了欢声笑语。这两句所写的形象、所描绘的景象都易于触发游子思念家乡、思念亲人之情，同时会引起游子对漂泊生活的感伤。在前两句铺垫和渲染的基础上，后面三句将主人公漂泊的凄苦和思念的伤感和盘托出。

这首小令语言简洁，形象鲜明，景象特点突出，用极省俭的文字表现了丰富的思想感情。

欣赏这首小令时，要充分地展开想象和联想。这样不仅能够将文章理解得透彻，而且易于获得审美感受。

例　南吕·一枝花·杭州景

元·关汉卿

普天下锦绣乡，寰海内风流地。大元朝新附国，亡宋家旧华夷。水秀山奇，一到处堪游戏。这答儿忒富贵，满城中绣幕风帘，一哄地人烟凑集。

[梁州第七]百十里街衢整齐，万余家楼阁参差，并无半答儿闲田地。松轩竹径，药圃花蹊，茶园稻陌，竹坞梅溪。一陀儿一句诗题，一步儿一扇屏帏。西盐场便似一带琼瑶，吴山色千叠翡翠。兀良，望钱塘江万顷玻璃。更有清溪、绿水，画船儿来往闲游戏。浙江亭紧相对，相对着险岭高峰长怪石，堪美堪题。

[尾]家家掩映渠流水，楼阁峥嵘出翠微，遥望西湖暮山势。看了这壁，觑了那壁，纵有丹青下不得笔。

这篇文章是写杭州的绮丽风光和都市繁华景象的。文章开篇两句"普天下锦绣乡，寰海内风流地"概括杭州之美，说这里是天下美丽的地方、人间富诗情画意之地。为什么要这样讲呢？作者说，这里"水秀山奇""满城中绣幕风帘"。

[梁州第七]部分具体描写杭州美丽的风光。先写"街衢整齐""楼阁参差"的繁华景象，再写"松轩竹径""茶园稻陌"等自然景色，将一个美丽的杭州展现在读者眼前。

[尾]这一部分写在自然景象的衬托之下，江南人家依波偎翠的诗情画意之美。

总的来看，这篇文章以清新优美的语言描绘了杭州"堪羡堪题"的美丽风光，以及"楼阁参差""人烟凑集"的繁华景象。字里行间饱含着作者热爱生活、热爱大自然的感情。

四、对联

对联

对联，又称楹联，俗称对子，其实质是一组表达一个完整意思的对偶句。特点是言简意深，对仗工整，平仄协调，是一字一音的汉语言承载的独特的艺术形式。对联是中华民族的文化瑰宝，也是利用汉字特点创造的一种独特的民族文化景观。对联体制严格，要求词类相对、内容相连、声韵协调、对仗严谨。可以说，对联是锤词炼句的艺术，它把汉语的魅力发挥到了极致。

从审美的角度来看，对联具有语言节奏美的属性，反复诵读和仔细品味，可以从中获得一定的审美感受。

例
① 无志难成易事；有心易克难关。
② 罔谈彼短吾亦有短；靡持己长谁人无长。
③ 充海阔天高之量；养先忧后乐之心。
④ 有志者事竟成破釜沉舟百二秦关终属楚；苦心人天不负卧薪尝胆三千越甲可吞吴。

这里列举的几副对联都是有关人格塑造的，反复诵读、深透理解可以获得思想的启示和精神的激励。

第八章 科技美

　　科技美是指科技创造过程和科技创造结果能够带给人精神快感的各种美的元素。当一项科学创造与发明获得成功，或是一个设计十分精巧，人的内心就会产生成就感；如果一件产品的制作工艺精细，产品细节完美，不仅制作者会有成功的喜悦，而且使用者也会有满足感；如果一件产品能够降低人的劳动强度，使人在使用时感到轻松，人的内心就会有愉悦感。不论是成就感、满足感，还是愉快和喜悦，都是人的美感体验。这就是说，不论是科技创造过程，还是科技创造结果，其中都有美的元素。

第一节　设计美

看微课
设计美

不论是一件器物的制造，一座房子的建造，还是一处设施的建设，设计是至关重要的。一个成功的设计不仅能够使人看到智慧之美，鼓舞和激励人的精神，而且可以使人感受到科技应用的魅力。下面，我们通过几个例子来了解一下设计美。

一、莲鹤方壶

图8-1-1是现藏于河南博物院的春秋时期的莲鹤方壶。此器通高1.17米，口长0.305米，口宽0.249米。1923年于河南省新郑市出土。该壶造型豪华气派，装饰典雅华美。壶冠呈双层盛开的莲瓣形，中间平盖上立一展翅欲飞之鹤；壶颈两侧用附壁回首之龙形怪兽为耳；器身满饰蟠螭纹，腹部四角各攀附一立体小兽，圈足下有两个侧首吐舌的卷尾兽，倾其全力承托重器。其构思新颖，设计巧妙，融清新活泼和凝重神秘为一体。莲鹤方壶之美首先在于它的设计美，其次在于制作工艺精美。莲鹤方壶不仅纹饰细腻新颖，而且结构复杂、铸造精美，堪称是春秋时期青铜工艺的典范之作。

二、半坡遗址半地穴式房屋

图8-1-1　春秋时期的莲鹤方壶

西安半坡遗址是一处新石器时代的文化遗址，这一遗址已发掘出距今6 000年以前的45座房屋的基址。其中，有一部分是半地穴式建筑，如图8-1-2。半地穴式房屋的基本设计是：建设时先从地表向下挖出一个方形或圆形的深坑，在坑中埋设立柱，然后沿坑壁用树枝捆绑成围墙，内外抹上草泥，最后架设屋顶。其基本特点是，房屋的内部空间一部分在地面以下，一部分在地面。

图8-1-2　半地穴式房屋示意图

从科技的角度来看，排除阴雨季节潮湿这一缺陷，对于黄土高原上的西北人民来讲，半坡半地穴式的房屋冬暖夏凉，住在其中十分舒适。与此同时，采用木骨涂泥的方法构筑墙体不仅轻便,而且可以有效地解决防风、保暖等问题,有较高的科技含量。

三、河姆渡干栏式建筑

浙江的河姆渡遗址也是一处新石器时代的文化遗址。在这一遗址中,发现了距今已有7 000年历史的干栏式建筑(图8-1-3)。干栏式建筑的基本设计是:以大小木桩为基础,木桩上架设大小梁,梁上铺木地板,做成高于地面的基座,然后立柱架梁、构建人字坡屋顶,完成屋架部分的建筑,最后用苇席或树皮做成围护设施。其中立柱一般从地面开始,是通过与桩木绑扎的方式树立的。

图8-1-3 干栏式建筑

干栏式建筑的基本特点是房屋的内部空间均高出地面很多。从科技的角度来看,河姆渡干栏式建筑的设计有两大亮点。

一是这种建筑既可以防潮,也可以防止野兽的侵袭,还可以避免大暴雨后的水淹等,是南方地区潮湿多雨自然条件下最理想的建筑形式。它的发明体现了长江流域远古先民们的智慧。

二是这种建筑铺设地板采用的企口和销钉两种木构衔接法,既是同期世界上最先进的木构建筑技术,也是影响最为深远、生命力最强的两项木构技术。这两项技术至今仍在普遍使用。

四、都江堰

战国时期,由秦国蜀郡太守李冰父子带领民众修筑的都江堰是一项巧夺天工的伟大设计。都江堰是至今为止,世界上年代最久、唯一留存、以无坝引水为特征的宏大水利工程。其巧妙的设计在两千多年的时间里一直被视为人类水利工程的范本。

都江堰水利工程充分利用当地西北高、东南低的地势特点,根据江河出山口处特殊的地形、水脉、水势,乘势利导,无坝引水,自流灌溉,使堤防、分水、泄洪、排沙、控流相互依存,共为体系,保证了防洪、灌溉、水运和社会用水综合效益的充分发挥。

都江堰的修建以不破坏自然资源、充分利用自然资源为人类服务为前提,变害为利,使人、地、水三者高度协调统一。

都江堰渠首枢纽主要由鱼嘴(图8-1-4)、飞沙堰、宝瓶口三大主体工程构成。三者有机配合,相互制约,协调运行,达到了引水灌田、分洪减灾的目的,具有"分四六,平潦旱"的功效。

图8-1-4 都江堰鱼嘴分水堤

都江堰是中国古代人民智慧的结晶，是中华文明的伟大杰作，也是造福人民的伟大水利工程。都江堰建成后，成都平原沃野千里，"水旱从人，不知饥馑，时无荒年，谓之天府"。其最伟大之处是建堰两千多年来经久不衰，而且发挥着越来越大的效益。都江堰设计之科学、构思之绝妙、配套之完善，在世界水利史上首屈一指。

五、"神舟"飞天

距今2 000多年前的《淮南子》一书中有一则《嫦娥奔月》的神话。这则神话表明，早在两千多年之前中国人就有了飞天的梦想。"神舟"飞船的成功研制使中国人实现了自己的飞天梦。

图8-1-5 神舟十二号载人飞船模拟图

神舟飞船（图8-1-5）是中国自行研制，具有完全自主知识产权的载人宇宙飞船。其基本结构是"三舱一段"，即整个飞船由返回舱、轨道舱、推进舱和附加段四个部分构成，这样的结构设计十分科学。

轨道舱是飞船进入轨道后航天员工作、生活的场所。舱内除备有食物、饮水和大小便收集器等生活装置外，还有空间应用和科学试验的仪器设备。返回舱返回后，轨道舱相当于一颗对地观察卫星或太空实验室，它将继续留在轨道上工作半年左右。

返回舱又称座舱，是航天员往返太空时乘坐的舱段。返回舱是飞船的指挥控制中心，内设可供3名航天员斜躺的座椅，供航天员起飞、上升和返回阶段乘坐。座椅前下方是仪表板、手控操纵手柄和光学瞄准镜等。航天员通过仪表对飞船的工作状态进行监控，在必要时采取相应的操控措施。

推进舱又叫仪器舱，或设备舱，里面安装有推进系统、电源、轨道制动，并为航天员提供氧气和水。

附加段也叫过渡段，是为将来与另一艘飞船或空间站交会对接做准备用的。在载人飞行及交会对接前，它也可以安装各种仪器用于空间探测。

六、"北斗"导航

《论语》中有一个《子路问津》的故事，说的是孔子让子路去问正在耕种的长沮和桀溺渡口在哪里，长沮和桀溺不仅没有告诉子路渡口在哪里，还劝子路不要跟着孔子"瞎混"，惹得孔子很不高兴。

这件事要是放在现在，也许就不会发生了。现代人外出，不论是开车，还是骑行，找不到路时只要打开手机导航就能轻松解决问题。

北斗卫星导航系统（图8-1-6）是中国自主建设、独立运行的卫星导航系统。这套系统是为全球用户提供全天候、高精度的定位、导航和授时服务的国家基础设施，其核心技术完全由我国掌控。

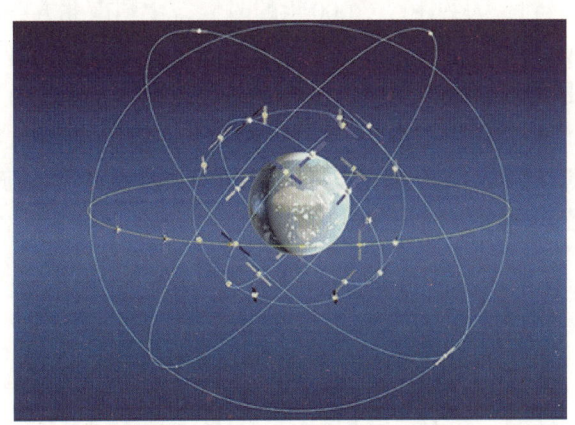

图8-1-6 北斗导航系统示意图

与其他导航系统相比，北斗导航系统在整体设计上具有三大优点：一是北斗系统空间段采用三种轨道立体式布置导航卫星，高轨卫星数量多，抗遮挡能力强，稳定性好，可靠性强。二是中国的北斗导航系统采用的是最新的三频信号（美国的GPS采用的二频信号），能更好地消除高阶电离层延迟的影响，增强数据预处理能力，从而提高定位的可靠性。与此同时，中国的北斗导航系统由35颗卫星组成，其中包括5颗静止轨道卫星、27颗中地球卫星和3颗倾斜同步轨道卫星，定位精准。三是北斗系统创新性地融合了导航与通信能力，具有实时导航、快速定位、精确授时、位置报告和短报文通信服务五大功能。其中，北斗导航系统所具备的短报文通讯功能在全球定位系统中是一次重大的技术突破,这一功能具有很强的实用性。

第二节 技术美

看微课

技术美

技术美是指因精湛的技术和精细的工艺在产品加工过程中的应用,使产品具有外在美和使用上的得心应手等美的表现。从形式方面来看,技术美主要表现为工艺的精细;从内涵方面来看,技术美主要表现为使用的顺手与舒心等。下面,我们通过几组例子来欣赏一下。

一、骨制品

早在距今3万年前的旧石器时代,北京山顶洞人就开始磨制骨制品,制造出了骨针等日用品。到了大约距今6 000年的时候,中国南北方磨制骨制品的手工艺水平已经很高,磨制出的骨制品十分精细,有的甚至可以与现今的手工制品相媲美。图8-2-1是半坡遗址出土的骨镞与骨鱼叉,制作工艺十分精细,特别是骨鱼叉的倒刺十分锋利。图8-2-2是半坡遗址出土的骨针,制作之精细确实让人惊叹。特别令人惊叹的是,骨针尾部的小孔比较细腻。在距今6 000年以前,先民们能把骨针制作到这样精美的程度,不能不使人敬佩。

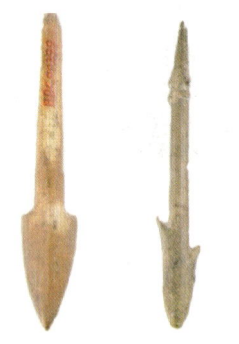

图8-2-1 骨镞与骨鱼叉

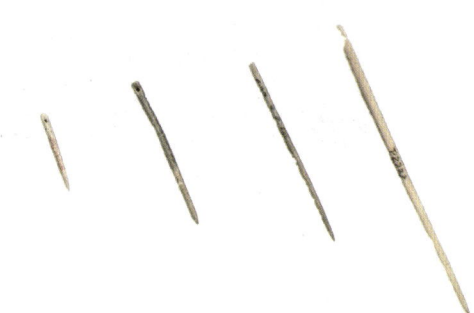

图8-2-2 骨针

二、青铜制造

中国的青铜器制造工艺产生于夏代,商代迅速发展,到西周时期已基本成熟。战国时期，我国的青铜冶炼、合金和加工技术等均居于世界领先地位。

图8-2-3是1974年从秦始皇陵区的陶俑坑中出土的宝剑。宝剑直接埋在地下五六米深的泥土中，水浸泥蚀长达2 000多年，但出土时依然光亮如新，非常锋利，可以迎风断发。这把秦代的宝剑是用铜和锡，加上少量的铅制成。经仪器反复检测，最后得知，宝剑不锈的秘密是表面镀了一层厚度仅十微米的铬。研究还发现，在这把剑中，剑身中锡的含量高于剑刃，所以刃口锋利，而整体坚韧。这样的剑是先浇铸出中间的芯条，再浇铸两边的刃而制成的"复合剑"。这几项技术诞生在2 000多年以前，确实是令人惊叹的。

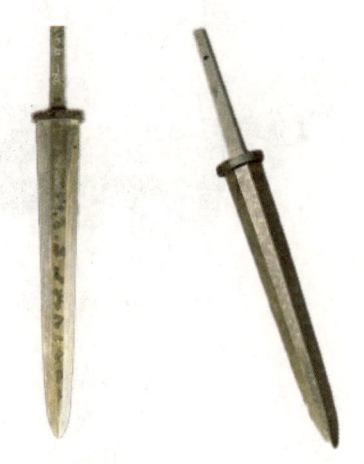

图8-2-3 秦剑

图8-2-4是秦代生产的青铜箭镞。秦兵马俑出土了两万件青铜箭镞。这些青铜箭镞为三棱流线型，即横剖面为正三角形，纵投影如现代的子弹头，其表面磨光如镜。据测量，每一箭镞三个面的宽度基本相等，误差不大于0.15毫米。因为箭镞的三个面和三个棱都呈弧形，精磨和抛光都很难，即使在工业技术高度发展的今天，要确保两万只箭镞的精度完全控制在误差不大于0.15毫米这一公差范围内，其难度都很大，而2 000多年前的秦人却奇迹般地做到了。更为惊人的是，上述精加工好的青铜兵器在磨锋抛光之后，表面上加了一层黑铬薄膜。经分析测定，这些兵器经过铬盐氧化处理，极大地增加了防腐抗锈的性能。

图8-2-4 秦箭镞

图8-2-5和图8-2-6是1980年冬在秦始皇陵西侧20米处7.8米深的地下出土的两乘大型铜车马。铜车马主体为青铜所铸，一些零部件为金银饰品。各个部件分别铸造，然后用嵌铸、焊接、粘接、铆接、子母扣、纽环扣接、销钉连接等多种连接工艺，将众多的部件组装为一体。马为白色，通体彩绘，彩绘时所用颜料均为用胶调和的矿物颜料，利用胶的浓度塑造出立体线条。车、马和俑的大小约相当于真车、真马、真人的1/2。它是仿实物精心制作而成，真实地再现了秦始皇帝车驾的风采。

一号铜车马（图8-2-5）重1 061千克，每件马个体

图8-2-5 秦1号铜车马

图8-2-6　秦2号铜车马

重230千克，配件3 064个。尺寸大小是按真车马的1/2比例缩小的。舆（yú）为横长方形，进深0.485米，舆广0.74米，舆中部竖一独杆圆形伞盖，盖径1.22米，御官俑立于伞下偏右处，手执六辔，身佩长剑。在车舆左前阑板上有承放弓弩的承弓器一副，同时在舆内前阑板内侧还置有一个彩绘铜质箭箙（fú），箙内尚存50支三棱带羽铜镞和4支平头带羽铜镞。此外，车舆内还发现一件制作精美、形状完整的铜盾牌，盾牌为"出"字形，四周彩绘几何纹，中间绘变形龙纹。车马装饰物和一些小型构件由金银制成。车上的驭手面部被敷以白色，但唇与双颊是粉红色的，白色的领子上还绘有朱红色的菱形花纹。

二号铜车马（图8-2-6）通长3.17米，高1.06米，相当于真车马的一半。总重量为1 241千克（其中金铸件3千克多，银铸件4千克多），由大小3 462个零部件组装而成。其中青铜制件1 742个，黄金制件737个，白银制件983个。其形体之大，堪称"青铜之冠"。

二号车是一种带有篷盖的豪华车，车舆接近正方形，它宽0.78米，进深0.88米，其宽度仅比一号车长0.04米，可进深较之一号车长0.4米。舆上罩着一块类似于龟盖状的篷盖。大篷盖不仅将车舆全部罩了起来，甚至连车舆前边的"驾驶室"也遮盖起来，形成封闭式的车舆。二号铜车属于小轿车类型。车主既可以坐乘，也可以卧息。

两乘车加起来共6 000多个零部件，所有零部件全部是铸造成型。其工艺水平之高，世所罕见。就拿篷盖与伞盖的铸造来说，它不仅面积大，而且薄厚不一，厚的地方为0.004米，薄的地方仅有0.001米，再加上篷盖、伞盖都有一定的弧度，这样难度大的篷盖、伞盖能一次性浇铸成功，不要说在2200年前的秦代，就是在科技发达、设备齐全的今天也并非易事。总之，铜车马的铸造工艺堪称古代青铜冶铸方面了不起的奇迹。

三、金银器

唐代的金银器制造水平十分先进，各种生活器物制作工艺精细，观之令人悦目，用之使人顺心。下面，我们来看几个例子。

1. 鸳鸯莲瓣纹金碗

图8-2-7　鸳鸯莲瓣纹金碗

图8-2-7是出土于西安何家村窖藏的鸳鸯莲瓣纹金碗，此碗被评定为中国国宝级文物。金碗敞口，鼓腹，喇叭形圈足。锤击成型，纹饰平錾，通身鱼子纹地。外腹部錾出两层仰莲瓣，每层十瓣。上层莲瓣内分别錾出狐、兔、獐、鹿、鹦鹉、鸳鸯等珍禽异兽及花草。走兽或走或奔，形态各异；禽

鸟或飞翔或栖息,动静结合。下层莲瓣内均錾刻忍冬花草。碗内底中心是一朵蔷薇式团花,外底中心则錾刻一只回首的鸳鸯,周围饰有忍冬云纹。圈足饰方胜纹,一整两破的菱形花纹图案,实为简化了的四瓣莲花纹。足底边缘饰联珠纹一周。

2. 鎏金舞马衔杯纹仿皮囊银壶

图8-2-8是唐代的鎏金舞马衔杯纹仿皮囊银壶,1970年于西安何家村窖藏出土,是中国国宝级文物,现收藏于陕西历史博物馆。壶的造型采用的是我国北方游牧民族皮囊①的形状,壶身为扁圆形,一端开有竖筒状的小口,上面置有覆莲瓣式的壶盖,壶顶有银链和弓形的壶柄相连。这种形制既便于外出骑猎携带,又便于日常生活使用,表现了唐代工匠在设计上的独具匠心。银壶的两侧采用凸纹工艺各塑造出一匹奋首鼓尾、跃然起舞的骏马。壶上的骏马就是唐代有名的舞马形象。

图8-2-8 鎏金舞马衔杯纹仿皮囊银壶

3. 鎏金鹦鹉纹提梁银罐

图8-2-9是唐代的鎏金鹦鹉纹提梁银罐,1970年于西安何家村窖藏出土,是中国国宝级文物,现收藏于陕西历史博物馆。银罐外观大口短头,罐腹圆鼓,喇叭形圈足,可活动提梁插入焊接在罐肩部的两个葫芦形附耳内,底部为圈足,足与罐体的连接处加焊一圈圆箍,罐体为纯银锤击成型,花纹平錾,鱼子纹地,纹饰鎏金。提梁上饰有菱形图案,罐身通体装饰以鹦鹉为主体,周边环绕折枝花,组成两组均衡式圆形图案,鹦鹉展翅于花丛间,灵动可爱,栩栩如生,装饰在提梁罐两面,其余空白处以单株折枝点缀。银罐上錾刻的鹦鹉振翅欲飞,鲜活而丰满,恰好与圆浑的外形、饱满的团花相配,给人以富贵喜庆的感觉,是已知唐代银罐中最大气、最精美的一件。

图8-2-9 鎏金鹦鹉纹提梁银罐

4. 葡萄花鸟纹银香囊

图8-2-10是唐代的葡萄花鸟纹银香囊,1970年于西安何家村唐代窖藏出土,现收藏于陕西历史博物馆。香囊外壁用银制,呈圆球形,通体镂空,以中部水平线为界平均分割形成两个半球形,上下球体之间,一侧以钩链相勾合,一侧以活轴相套合,下部球体内又设两层银质的双轴相连的同心圆机环,外层机环与球壁相连,内层机环分别与外层机环和金盂相连,内层机环内安放半圆形金香盂,外壁、机环、金盂之间用银质铆钉铆接,可以自由转动。这样无论外壁球体怎样转

---

① 皮囊:最早起源于哈萨克族,是用马皮和羊皮制作而成的。早在数千年前,中国北方的游牧民族就已经开始随身携带皮囊用来装酒盛水。

动，由于机环和金盂重力的作用，香盂始终保持重心向下，里面的香料不致撒落于外。尽管已经经历了1 000多年，其仍然玲珑剔透，转动起来灵活自如，平衡不倒，其设计之科学与巧妙令现代人叹绝。

图8-2-10　葡萄花鸟纹银香囊

四、桥跨天险

在中国古代神话传说中，有一则《鹊桥相会》的故事。这则故事中有一个情节：为了让牛郎和织女能够在七夕执手相会，人间的喜鹊在这一天全部飞到天上去，用它们的身体搭起一座鹊桥。这则神话反映了千百年来中国人渴望畅行无阻的美好愿望，这一愿望在今天已经基本实现。

进入21世纪以来，中国在桥梁建造技术方面不断创新和突破，创造了一个又一个桥梁建设的奇迹，让全世界投来了惊羡的目光。到目前为止，我国已经建成的公路桥超过80万座，铁路桥超过20万座，创造了许多世界第一。

朝天门长江大桥（图8-2-11）是中国重庆市境内连接江北区与南岸区的一座过江大桥。2004年12月动工兴建，2009年4月29日正式通车。

图8-2-11　朝天门长江大桥

朝天门长江大桥线路全长1 741米，主跨长552米；桥面上层为双向6车道I级公路，设计行车速度为60千米/小时；桥面下层为2条双向轨道交通，同时在两侧预留2个车道。

朝天门长江大桥建设创造了两项世界第一：一个是采用了主跨552米的多肋飞燕式钢桁无推力拱结构体系，是目前世界上已建成的跨度最大的钢拱桥；二是主桥中支点支座采用了145 000 kN的球型抗震支座，是目前已建成的世界同类桥型中承载力最大的球型支座。

港珠澳大桥（图8-2-12）是连接香港大屿山、澳门半岛和广东省珠海市的一座跨海大桥，总长约55 000米，是目前世界上最长的跨海大桥。

图8-2-12　港珠澳大桥

港珠澳大桥于2009年12月15日开工建设，2016年9月27日主体工程全线贯通，2017年5月2日大桥沉管隧道顺利合龙，2017年7月7日海底隧道段的连接工作顺利完成，2018年10月24日上午9时正式通车。

在港珠澳大桥建设过程中，中国工程技术人员创造了多个世界之最：一是制造和使用了世界上最大的沉管隧道——每一节沉管浮在水中的时候排水量约75 000吨；二是制造并成功安装了世界上最重的沉管——沉管预制使用钢筋量相当于埃菲尔铁塔的总重量；三是最精细施工质量——沉管隧道安装之前，要在40米深的海底铺设一个42米宽、0.3米厚的平坦的垫层，这个垫层的平整度误差控制在0.04米以内。

第三节 适用美

看微课
适用美

适用美是指一项科技发明或技术产品适应了人们的现实需要，解决了人们生产或生活中的现实问题，使人们从中获得了轻松、快意等美感享受。

适用美的产生过程实际上就是科技发明和创造的过程。这里，我们通过一个模拟性的实例来看一下。

远古时代，人们以渔猎为主要生活来源。由于居住在湖边的人日复一日地捕捞，湖中靠近岸边的鱼越来越少，而湖中心的鱼越养越大。一方面，人们感到近水处捕捞越来越困难，另一方面，又看到湖中心不时有肥大的鱼跃出水面（图8-3-1）。在这种情况下，人们就产生了新的想法：要是能到湖中心去捕捞就好了。

图8-3-1 跳跃的鱼

到湖中心去捕捞会有大的收获，可湖水很深，游到中间去捕捉是不现实的。怎么办呢？这时人们所面临的问题既是工具问题，也是技术问题。为了解决问题，人们便展开了积极的思维活动。当一个人坐在湖边进行思索时，无意中看到了图8-3-2这种景象，于是，大脑中有了灵感——既然树叶能漂浮在水面上，叶子上趴着蚂蚁也十分平稳，能不能制造出一种既可以漂浮在水上，又能在水上移动的工具呢？

经过反复的观察、思考和模拟实验，人们便创造出了独木舟这样的水上交通工具（图8-3-3）。独木舟的制造满足了人们到湖中心捕捞的需要，解决了人们的实际问题，使人们感到轻松愉快，这就是科技产品的适用美。

图8-3-2 漂浮的叶子

图8-3-3 跨湖桥文化独木舟

在人类社会的发展过程中,人们不断地遇到各种问题,每一个问题的解决都伴随着人们内心的喜悦和满足,这些美感体验很多是由特定时代科技产品的适用美带来的。下面,我们再通过几个例子来看一下。

一、陶甑

图8-3-4是新石器时代的陶甑。这是距今6 000年前的蒸煮器,是置于鼎、釜等上面蒸食物用的。其底部有几个透气孔,蒸汽通过气孔进入器内,实现对食物的蒸制。从科技的角度来看,早在6 000年以前,先民们已经掌握了蒸制食物的原理和方法。这件器物的制造适应了人们饮食多样化的需要,使人们能够吃到比煮制食物更可口的美味,给人们增添了生活的快意。

二、陶澄滤器

在地下水资源还没有被人们发现,或者是凿井技术还没有被人们掌握的时代,人们的生活用水主要来自江河、湖泊等地表水,水中含有各种杂物。如何把水中的杂质轻松地过滤掉是当时人们遇到的一个生活问题。陶澄滤器的发明有效地解决了这个问题,使人们的生活更加便利,这样自然会使人产生满足感。

图8-3-4 陶甑

图8-3-5是西安半坡遗址出土的一件陶澄滤器,其制作于距今6 000年左右。这件澄滤器是用来过滤液体中的杂质的,它不仅能够将水中的杂物轻松地过滤掉,而且可以过滤人们酿造的酒和醋等。

三、双耳箅流灰陶壶

河南舞阳贾湖遗址的考古发现证明中华先民早在8 000多年

图8-3-5 陶澄滤器

第三节 适用美

图8-3-6 双耳箅流灰陶壶

前就已经开始酿酒,山东后李文化遗址的考古发现证明中华先民早在8 000年前就开始吃煮制的食物。史料记载,早在距今4 900年的炎帝时代,中草药已经发明,煮茶和饮茶也在同期进入了人们的生活。

不论是酿酒、煮制食物佐料,还是煎药、煮茶,过滤都是必不可少的。在这样的情况下,各种过滤器物的制造无疑会使人们产生满足感。如图8-3-6,这是一件现藏于河南博物院,距今4 000多年的双耳箅流灰陶壶。这件器物具有多方面的用途:一是可以用来煮茶,二是可以用来煎药,三是可以用来加各种佐料熬汤等。这件器物既有设计美,同时又有适用美。

四、苇编

图8-3-7 河姆渡文化苇编

新石器时代,随着土炕的发明,人们对席子的需要也随之产生。与此同时,当人们傍晚时分聚集在场院中纳凉、品茶和饮酒时,对苇席一类物品的需要也相应增加。在这样的情况下,苇编技术的发明和苇席的制造满足了人们多方面的生活需要,使人们感到舒适。

图8-3-7是出土于河姆渡遗址的一块"苇编",亦称苇席。从这块苇编上面,我们至少可以解读出以下几个方面的信息:一是早在7 000多年前,河姆渡人已经开始利用芦苇编织席子等生活用品,其物质文明已经达到了一定的高度;二是早在7 000多年前,人们的手工艺水平已经达到了一定的高度,生产和生活知识积累已较为丰富;三是早在7 000多年前,人们已经开始利用各种自然资源来改善和美化生活。

五、"蛟龙"入海

我国是一个海洋资源十分丰富的国家,对其进行合理开发和科学利用,在长期可持续发展方面具有极其重要的意义。

不论是海洋资源的勘探,还是开采利用,首先要解决深海运载装备的问题。为了加快深海运载设备的研制进程,增强向海洋进军的实力,在国家海洋局的组织和领导下,国内科研院所和制造企业等100多家单位团结协作,联合攻关,经过六年时间的技术攻关和设计制造,使中国"蛟龙"悍然出世。蛟龙号的研制成功对我国海洋资源勘探和研究具有极其重要的意义。

"蛟龙号"(图8-3-8)是我国自主设计、自主集成研制的作业型深海载人潜水器。其设计下潜深度为7 000米级,实际海试深度成功到达7 020米。经过多次海试证明,蛟龙号是目前世界上下潜能力最强的作业型载人潜水器,它具备在占世界海洋面积99.8%的广阔海域中作业的能力。

图8-3-8 "蛟龙号"载人潜水器入水前

就目前世界各国已投入使用的各类载人潜水器来看，下潜深度超过1 000米的只有12艘，拥有6 000米以上下潜深度载人潜水器的国家只有5个，即中国、美国、日本、法国和俄罗斯。

从2009年蛟龙号进入海试实验开始，到2012年，蛟龙号连续取得了1 000米级、3 000米级、5 000米级和7 000米级海试成功的好成绩。2012年6月27日，中国"蛟龙号"载人潜水器在西太平洋的马里亚纳海沟海试成功到达7 020米，创下了作业类载人潜水器新的世界纪录。此前，载人潜水器下潜的最高世界纪录是日本深潜器创下的6 527米，中国"蛟龙"创下的新的世界纪录远超它493米。

中国"蛟龙"能够下潜至深海7 000米，在世界各国作业型深海载人潜水器中表现最为优秀，不仅标志着我国具备了载人到达全球99%以上海洋深处进行作业的能力，而且标志着中国海底载人科学研究和资源勘探能力达到国际领先水平。

第四节　效能美

效能美

效能美是指一项科技发明或技术产品能够降低人们的劳动强度，使人们的劳动变得轻松愉快，或是能够提高人们的劳动效率，使人们在单位时间里能够获得更多的劳动成果，从而产生收获的喜悦等。下面，我们通过几个例子来看一下。

一、牛耕技术

在距今7 000年前的新石器时代，人们耕作一般使用耒耜（图8-4-1）。农民用这种工具疏松土壤，不仅劳动效率很低，而且劳动强度很大。到了商周时期，青铜农具出现以后，耦耕技术（图8-4-2）产生。虽然耦耕在一定程度上降低了劳动强度，同时提高了耕作质量，但劳动效率依然很低。

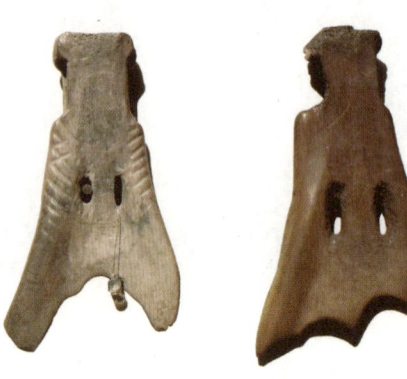
图8-4-1 耒耜

图8-4-2 耦耕技术（雕塑）

牛耕技术（图8-4-3）的产生不仅降低了人的劳动强度，使得耕作效率大大提高，而且耕作的质量也提高很多。相对于以往的耕作技术而言，牛耕技术释放出来的效能使人们倍感喜悦。这就是效能美带给人的美感体验。

图8-4-3 牛耕技术（雕塑）

二、陶器轮制技术

中国制陶的历史始于距今1万年前的新石器时代早期。最初，人们用盘筑法制作陶器，不仅劳动强度大、生产效率低，而且产品质量也不高（图8-4-4）。陶器轮制技术的发明不仅降低了人们的劳动强度、提高了制陶效率，而且使陶器的质量有很大提高，其外在审美性和内在质地美都有所增强（图8-4-5）。因此，这项技术的产生使人们获得了多方面的美感体验。

图8-4-4　上山文化红衣陶圈足盘

图8-4-5　马家窑文化彩陶壶

三、无坝引水技术

无坝引水技术是中国古代科技的一大成就。这一技术充分利用河流水文、河道地形和区域自然地理条件，直接在河道上引水。这项技术发明后得到了广泛应用，在中华大地上释放出了难以估量的巨大效能。中国古代著名的无坝引水工程有都江堰和郑国渠等。

在都江堰没有修筑之前，成都平原是一个水旱灾害十分严重的地方。因为岷江源出岷山山脉，从成都平原西侧向南流去，对整个成都平原来讲，是地道的地上悬江——成都平原的整个地势从岷江出山口玉垒山，向东南倾斜，坡度很大，都江堰距成都50 000米，而落差竟达273米。因此，古时候，每当岷江洪水泛滥时，成都平原就是一片汪洋；而一遇旱灾，成都平原又是赤地千里，颗粒无收。

在岷江水患、旱灾祸害西川，鲸吞良田，危及民生的情况下，具有远见卓识的秦昭王委任知天文、懂地理的李冰为秦国蜀郡太守，令其治理岷江，造福百姓。公元前256年，李冰和他的儿子吸取前人的治水经验，率领当地人民，历经八年的艰苦努力，建成了著名的都江堰水利工程。都江堰的建成，使得长期以来一直水旱成灾的成都平原一跃成为"天府之国"。正如《史记》所说：都江堰建成，使成都平原"水旱从人，不知饥馑，时无荒年，天下谓之'天府'也"。

都江堰是至今为止，全世界年代最久、唯一留存、以无坝引水为特征的宏大水利工程。2 200多年来，它一直惠泽着巴蜀大地的民众，至今仍发挥巨大效益。

公元前246年（秦王政元年），秦王采纳韩国人郑国的建议，命其主持修建大型"引泾"水利工程，此工程历时十年完成，人称郑国渠。

郑国渠建成后，使土地贫瘠、十年九旱的关中东部平原成为沃野良田，粮食产量大增，由此，关中成为当时全国最富庶的地区。与此同时，郑国渠的建成大大改善了生态环境——由于有了水，树木、花草增多，植被增加，裸露的土地减少，年降雨量增加了，气候湿润了，地下水得到了有效的补充，为灌区民众饮用水提供了良好的条件。

四、活字印刷技术

中国古代的印刷术经历了雕版印刷和活字印刷两个阶段。雕版印刷产生于隋唐之际，刻板采用优质、细密的木材，上面刻出阳文反字，然后涂以墨汁复印纸上。这种方法优于手抄百倍，但是雕版印刷也存在着不足，刻板需要很长的时间，存放刻板又要占据大量空间，如果一部书不再重印的话，刻板便废弃了。

活字印刷技术是在北宋庆历年间由平民毕昇发明的。据《梦溪笔谈》记载，毕昇以胶泥刻字，一字一枚，火烧使之坚硬，存于木格之中。印刷时，以一铁板，上面敷以松脂、蜡、纸灰等物，用铁框框住，然后照书稿将一个个活字拣好排于铁框之中，放置火上加热，待铁板上的混合物稍熔，以平板压平、冷却后便可印刷。

活字印刷术的发明不仅克服了雕版印刷的各种缺陷，而且劳动强度降低，印刷快捷方便，印刷质量和效率都有所提高。

五、"复兴"上路

1 200多年前，李白在《蜀道难》一诗中发出了"危乎高哉！蜀道之难，难于上青天！"的感叹。让他怎么也没有想到的是中华人民共和国成立后的1958年，勤劳勇敢的中国人民建成了穿越古蜀道的宝成铁路，一举结束了"蜀道难"的历史。更让他无法想到的是，2017年12月6日，从西安到成都的西成高速铁路建成通车，从这一刻开始，当年他从蜀地到长安需要走月余的路程，复兴号动车组列车（图8-4-6）不到4个小时就跑完了。

复兴号动车组列车是由中国自己研制的、具有完全自主知识产权的中国标准动车组的中文名称，其英文代号为CR。复兴号的各项性能指标均高于CRH系列，达到了世界先进水平。其三个级别分别标注为CR400、CR300和CR200，其中的数字表示最高设计时速。

复兴号动车组列车的研制是由中国铁路总公司主导，中国铁道科学研究院作为技术总负责人牵头，西安交通大学、北京交通大学和中国科学院等教学和科研单位提供技术支持，中国中车旗下的四方股份、长客股份、唐车公司及相关企业设计制造完成的。

图8-4-6 复兴号动车组列车

复兴号动车组列车的研制立足中国国情，依据中国高铁运营的特点制定中国标准，充分利用前沿科技，运用最新的设计理念，力求实现全面自动化。在多个行业、众多单位的通力合作下，经过三年的研制，复兴号动车组列车于2017年6月26日首次在京沪高铁线上投入运营。

2017年7月27日，中国铁路总公司安排复兴号在京沪高铁开展时速350千米的体验运营。2017年9月，京沪高铁实施新的列车运行图后，复兴号按时速350千米正式上线运营。

复兴号动车组列车的设计集成了大量高新技术，其安全性、经济性、舒适性和节能环保等性能都达到世界先进水平。例如，复兴号装置了智能化感知系统，具有强大的安全监测系统，列车出现异常时，可自动报警或预警，并能根据安全策略自动采取限速或停车措施。此外，复兴号采用全新低阻力流线型车头和车体平顺化设计，跑起来也更节能。

复兴号动车组的试验速度达到时速400千米，这一速度是目前世界上高速铁路动车组列车的最快速度。

六、神威·太湖之光超级计算机

神威·太湖之光超级计算机（图8-4-7）是由中国国家并行计算机工程技术研究中心研制，全部采用中国国产处理器构建的一台超级计算机。这台计算机安装在国家超级计算无锡中心，其峰值计算速度达到每秒12.54亿亿次。

神威·太湖之光超级计算机是世界上首台峰值计算速度超过10亿亿次的超级计算机。2016年6月20日，国际TOP500组织在法兰克福世界超算大会上发布超级计算机排行榜，中国自主研制的"神威·太湖之光"超级计算机系统排名第一，它的计算速度比排名第二的"天河二号"快出近

图8-4-7 神威·太湖之光超级计算机

第四节 效能美

3倍。

2017年11月13日,全球超级计算机500强榜单公布,"神威·太湖之光"以每秒9.3亿亿次的浮点运算速度第四次夺冠。

在2018年和2019年全球超级计算机500强排名中,"神威·太湖之光"均位列第三。

总的来看,科学技术之美首先表现为各项技术的应用能够减轻人们的劳动强度、提高劳动效率,使人们感到轻松愉快;其次表现为各种科技产品的制造满足了人们不断增长的物质生活需要,使人们感到生活的美好;再次,产品制作工艺的精细不仅使其在外形上具有审美性,而且使用起来更加顺手和舒心。此外,在科技发明和技术创造的过程中,人们还会产生成就感。

郑重声明

高等教育出版社依法对本书享有专有出版权。任何未经许可的复制、销售行为均违反《中华人民共和国著作权法》，其行为人将承担相应的民事责任和行政责任；构成犯罪的，将被依法追究刑事责任。为了维护市场秩序，保护读者的合法权益，避免读者误用盗版书造成不良后果，我社将配合行政执法部门和司法机关对违法犯罪的单位和个人进行严厉打击。社会各界人士如发现上述侵权行为，希望及时举报，我社将奖励举报有功人员。

反盗版举报电话　（010）58581999　58582371
反盗版举报邮箱　dd@hep.com.cn
通信地址　北京市西城区德外大街4号　高等教育出版社法律事务部
邮政编码　100120

读者意见反馈

为收集对教材的意见建议，进一步完善教材编写并做好服务工作，读者可将对本教材的意见建议通过如下渠道反馈至我社。

咨询电话　400-810-0598
反馈邮箱　gjdzfwb@pub.hep.cn
通信地址　北京市朝阳区惠新东街4号富盛大厦1座
　　　　　高等教育出版社总编辑办公室
邮政编码　100029

资源服务提示

授课教师如需获得本书配套教学资源，请登录"高等教育出版社产品检索信息系统"（https://xuanshu.hep.com.cn/）搜索本书并下载资源，首次使用本系统的用户，请先注册并进行教师资格认证。

联系我们

高教社高职语文教育研讨QQ群：638427589